NOUVELLE

THÉORIE PRATIQUE

PROGRESSIVE ET MÉTHODIQUE.

Quelques-unes des améliorations proposées peuvent également s'appliquer à la théorie de l'infanterie, et particulièrement celle qui lève toutes les difficultés d'intonation.

THÉORIE PRATIQUE

PROGRESSIVE ET MÉTHODIQUE

DE L'ORDONNANCE DE 1829

SUR LES

Exercices et les Évolutions de la Cavalerie,

RÉDIGÉE D'APRÈS LES PROGRESSIONS

ACTUELLEMENT SUIVIES A L'ÉCOLE DE SAUMUR;

Contenant intégralement les Bases de l'Instruction modifiée

L'ÉCOLE DU CAVALIER, L'ÉCOLE DU PELOTON
ET CELLE DE L'ESCADRON A PIED,

ÉCRITES TELLES QU'ELLES DOIVENT ÊTRE APPRISES ET ENSEIGNÉES, ET
DE PLUS APPLICABLES OU NON AU SYSTÈME SANS INVERSIONS :

A l'usage des troupes à cheval de toutes armes.

—

PAR ALBERT LIASSE

Ancien Élève de l'École de Cavalerie, Officier d'Instruction
à ladite École, Lieutenant au 4ᵉ Lanciers.

ANGERS,

Imprimerie de BOURCE et MAIGE, place St-Martin, 1.

—

1851.

EXPOSÉ DES MOTIFS

Qui ont conduit à faire subir une nouvelle rédaction à l'Ordonnance sur les exercices et les évolutions de la Cavalerie, suivi du

NOUVEAU PLAN

et des principales améliorations qu'il serait utile d'adopter.

C'est toujours la Théorie de l'Ordonnance de 1829 ; ce sont toujours ses principes. Bien qu'on ne doive point tarder à s'en convaincre, je crois néanmoins nécessaire d'annoncer de suite et hautement que la nouvelle *Théorie pratique, progressive et méthodique*, qui fait suite à ce rapide exposé, n'est autre que l'Ordonnance actuelle. Seulement, je l'ai disposée de façon à rendre son étude moins pénible, *sans nécessiter le moindre travail de la part de ceux qui connaissent la Théorie actuelle.* J'ai voulu surtout rendre son application extrêmement plus facile, plus prompte, par conséquent, et plus avantageuse pour tous. Je ne crois pas trop m'avancer, — et les honorables encouragements que j'ai reçus me donnent le droit de parler ainsi, — en disant, d'accord

1

avec un grand nombre d'instructeurs anciens et nouveaux, que l'adoption d'une nouvelle Théorie, ainsi méthodiquement établie, offrirait une considérable réduction du travail, pour les instructeurs et élèves, en diminuant aussi la durée de l'instruction des hommes de recrues.

Je suis certain, pour mon compte, que l'adoption de cette méthode assurerait, d'une manière invariable, dans tous les corps de troupe, l'uniformité dans la manière de démontrer et d'instruire, l'uniformité dans celle de commander; en un mot, cette uniformité complète, si essentielle, si indispensable même à l'instruction militaire.

Avant de me livrer aux laborieuses recherches qui m'ont conduit au résultat que je crois avoir obtenu, je ne me suis point dissimulé les difficultés de l'entreprise. Malgré l'expérience que me donnent mes dix-huit années de services militaires, employées presque tout entières à l'instruction, je ne me suis pas dissimulé le peu d'autorité que donne à mon travail ma modeste position de lieutenant. Mais j'ai consulté, avant tout, mon désir d'être utile et mon dévoûment aux intérêts de l'armée; je n'ai voulu écouter que les pressantes invitations de mes camarades et les désirs manifestés par des subordonnés. J'ai compté surtout sur les encouragements qu'a bien voulu donner à mon projet la bienveillance de mes supérieurs. Mon but unique est de mériter tant de témoignages d'honorable sympathie.

Ai-je réussi? Je le crois et surtout le désire ardemment, non pour moi, pour le succès que j'en retirerai, mais pour le service que je crois rendre à l'instruction de la cavalerie, et surtout pour justifier les adhésions flatteuses que j'ai recueillies jusqu'ici.

Si les grandes divisions de l'Ordonnance ne
laissent rien à désirer , il n'en est pas de même
de ses mouvements, ni de ses détails, et, en re-
connaissant le haut mérite de la commission qui
avait été chargée de réviser l'Ordonnance du 1er
vendémiaire an XIII, sur les exercices et évolutions de la cavalerie, en considérant les changements importants qu'elle a faits, en appréciant
le fruit que l'instruction militaire a retiré de ses
ingénieux travaux, on peut dire, d'accord avec
tous les officiers de cavalerie, que tous les principes contenus dans l'Ordonnance actuelle ne
peuvent être meilleurs, mais qu'il importe seulement de les rendre plus intelligibles, plus sim-

ples, plus facilement applicables et d'en mieux coordonner toutes les parties. Le vœu du renouvellement de la Théorie, c'est à dire d'une rédaction plus pratique, est encore plus ardemment émis par les élèves instructeurs, les brigadiers et les sous officiers, lesquels sont appelés à entrer dans les plus petits détails qui se rattachent surtout aux premiers principes, principes qui sont la base essentielle de toute bonne instruction. Ce désir ardent des jeunes instructeurs doit être pris en très grande considération, car il provient d'hommes qui sont plus à même de sentir et de connaître toutes les difficultés qui se présentent dans l'application des détails, que les officiers sous la direction desquels ils se trouvent, qui ne sont point appelés à *donner* eux-mêmes la *leçon* aux hommes de recrue. (1)

On ne peut nier que tout travail, si parfait

---

(1) Cela est tellement vrai, qu'un jour d'exercice, à une inspection générale, un officier supérieur, ex-capitaine-instructeur, parfaitement bon manœuvrier, ayant reçu l'ordre de M. l'inspecteur-général de faire charger les armes à toute la troupe, a non-seulement fait cette indication : *charge en douze temps*, mais a fait exécuter cette charge par les commandements de 1. 2, 3, 4, 5, etc. Il faut rendre cet éloge à la troupe, c'est que la charge s'est tellement bien exécutée, que l'inspecteur ne s'est point aperçu de l'erreur faite dans ce commandement. Quant à l'officier qui l'avait faite, il a dû reconnaître qu'il s'était trompé par la quantité de temps qui lui restaient.

qu'il paraisse, est, par suite du temps, susceptible de recevoir des améliorations ; celles que réclame la Théorie actuelle ne doivent porter que sur ses détails et sur son application ; il faut que l'intonation des commandements soit également et aisément saisissable par tous ceux appelés à commander ; que par un nouveau classement tous ses mouvements soient enchaînés méthodiquement, enfin, que toutes ses parties soient rédigées aussi identiquement que possible et par la même formule ; classées par une gradation rationnelle et précisément comme elles doivent être mises en pratique. Alors, et seulement alors, il y aura uniformité dans la manière de commander, uniformité dans celle d'instruire ; facilité pour les instructeurs à démontrer et facilité aux élèves pour apprendre. Résultats qui seront non seulement profitables aux élèves et instructeurs futurs, mais ils viendront encore en aide à la mémoire et à l'instruction laborieusement acquise des élèves et instructeurs actuels.

Dans une expérience de vingt-deux ans, ne s'est-il point présenté quelques importantes améliorations, applicables aux exercices et évolutions militaires ?

Par exception, l'Ordonnance de 1829, seule, est-elle sortie parfaite de la main des hommes ?

Les progrès du temps sont-ils donc impuis-
sants pour lui faire subir le moindre changement ?

Depuis la promulgation de l'Ordonnance de
1829, sur les exercices et les évolutions de la cavalerie, plusieurs Progressions ont été faites pour
en rendre l'application plus facile; et, toutes
quelques bonnes qu'elles soient, changent et
surtout compliquent considérablement ses nombreux détails. La meilleure et la plus complète,
est celle qui fut publiée en 1836 : la haute répu-
tation de son auteur dispense d'en faire tout éloge. Cependant, beaucoup trop complexe, trop
vaste, elle nécessite, pour être apprise et surtout
retenue conjointement avec la Théorie, un long
et pénible travail, qui fatigue la meilleure mémoire. La Théorie et la Progression ne peuvent
être apprises que séparément; et, en apprenant
l'une, on oublie bien vite l'autre. Il faut néanmoins se hâter de dire que c'est particulièrement
dans cette Progression qu'ont été puisés la plupart des matériaux formant les améliorations
proposées ici. Tout en cherchant à faire ressor-
tir les inconvénients qui résultent de l'emploi
des Progressions pour faire usage de l'Ordonnance, l'un des élèves de l'auteur du livre dont il
vient d'être question, n'a jamais eu la pensée de
vouloir en rien critiquer ce précieux ouvrage,

devant lequel beaucoup d'instructeurs d'aujour-
d'hui , sans craindre pour leur amour-propre,
doivent s'incliner ; nulle part, ailleurs, du moins
quant à présent, ils ne peuvent trouver des ren-
seignements plus complets et de meilleurs principes pour l'application.

Attendu la grande difficulté, on peut même
dire l'impossibilité d'appliquer la Théorie sans
déroger à son texte, les Progressions, pour sa
mise en pratique, se sont multipliées à mesure
que l'importance d'avoir des troupes bien ins-
truites a été de mieux en mieux appréciée, que
le goût de l'instruction est devenu de plus en
plus prononcé et que le besoin d'améliorer celle-
ci s'est fait sentir. Aussi ne me suis-je point dissimulé les difficultés de l'entreprise et la téméri-
té qu'il y aurait à vouloir se passer des Progressions, s'il n'y avait, selon moi, un sûr moyen
d'arranger l'Ordonnance de manière à en faire
une Théorie plus claire, plus simple, plus méthodique, d'une pratique bien graduée, surtout
plus facile à apprendre et bien plus facile à enseigner.

Dans les cours théoriques destinés aux instructeurs et aux élèves, on fait apprendre littéralement et réciter textuellement tout ce que
l'Ordonnance renferme et cela doit être ainsi,
(n'en déplaise aux ennemis du littéral) car ce n'est
qu'après l'avoir piochée, rabachée, ressassée et

appliquée maintes et maintes fois que l'on peut réellement devenir bon instructeur. En sorte qu'à moins d'avoir longtemps pratiqué, quoique sachant parfaitement bien la Théorie telle qu'elle existe aujourd'hui, on peut être très ignorant sur la manière de l'appliquer, de là, ne pouvant faire l'application de ce que l'on a appris, de ce que l'on sait, vient la nécessité de recourir aux Progressions, ou sinon, chacun de démontrer à sa façon. Or, chaque instructeur torturant le texte en le débitant à sa manière, ni les indications, ni le détail, ni les commandements, en un mot, les principes de démonstration et d'exécution ne sont jamais les mêmes. Fâcheuses dissidences qui amènent une lenteur marquée dans l'instruction ; plus d'uniformité, plus de méthode, obstacles et défauts nuisant sensiblement aux progrès.

Tous les instructeurs voués par goût à l'instruction militaire et possesseurs d'une longue expérience ont eu l'occasion de reconnaître la justesse de ces assertions, et c'est là un fait que l'observation confirme tellement, qu'en instruction, on voit souvent ceux qui savent le mieux leur théorie littéralement, se trouver très embarrassés pour donner la leçon, et même parfois rester court au beau milieu de leurs explications, quant le mot-à-mot du litéral leur fait défaut. Donc, puisqu'un grand nombre d'instructeurs attachés aux classes des recrues, ne peuvent dire uniquement autre chose que ce qu'ils apprennent dans leur Théorie, on doit penser combien ils sont éloignés de pouvoir en saisir l'esprit, afin de suppléer au manque d'intelligibilité de son texte.

Je répéterai avec une profonde conviction, que tous ces inconvénients peuvent être détruits, toutes ces difficultés anéanties par les corrections que la Théorie actuelle doit supporter et les importantes améliorations qu'elle doit recevoir, lesquelles permettront, sans excéder les détails ni le volume de l'Ordonnance de faire coordonner les préceptes et leur application, enfin de faire une Théorie pouvant être rigoureusement appliquée telle qu'elle aura été apprise ; véritable marche indiquée par la raison, justifiée par l'expérience et reconnue par tous les bons instructeurs. Alors, la Théorie ne pouvant plus être interprétée de différentes manières et par conséquent les instructeurs se servant toujours des mêmes termes pour démontrer les mêmes principes, les élèves ou recrues n'entendront plus le lendemain démentir ce qui leur aura été enseigné la veille, et l'on obtiendra ainsi par cette seule Théorie pratique, ce que ne cesse en vain de réclamer l'instruction militaire : l'uniformité dans la manière de démontrer et d'instruire ?

En 1847, j'ai eu déjà l'idée de publier une partie du résultat de mes observations, sur les exercices de la cavalerie, sous le titre de *Théorie pratique, progressive et méthodique*, où il n'est question que de l'instruction à cheval, jusqu'à l'école d'escadron inclusivement. (Titre III). Le but que je me proposais alors, était d'abord d'apprécier comment elle serait reçue par les instructeurs des différents corps et ensuite de tâcher de mettre à profit les observations dont elle serait l'objet. Pourquoi ne le dirai-je pas ? tous les instructeurs qui m'ont fait l'honneur de m'en entretenir, en ont tous porté le jugement le plus favorable, et je leur en témoigne bien vivement mes remerciments les plus sincères ; tous ont manifesté le désir de voir l'Ordonnance intégralement établie de cette façon. Plusieurs d'entr'eux m'ont aussi fait le bienveillant reproche de ne pas avoir fait imprimer de même les premiers titres et particulièrement l'instruction à pied. Si je ne l'ai point fait à cette époque, c'est uniquement parce que j'ai reculé devant la dépense, qui, on en conviendra certainement, devenait beaucoup trop onéreuse pour les appointements d'un sous-lieutenant, mais si j'ai dû m'imposer quelques privations par rapport à la première partie de mon travail, j'en suis largement récompensé aujourd'hui par la satisfaction que j'éprouve en voyant qu'elle paraît avoir eu quelque utilité.

Je demande pardon d'avoir parlé trop longuement de moi, mais j'ai pensé que cette digression était nécessaire, afin qu'on ne supposât pas que j'avais restreint cette première publication dans la crainte qu'elle ne reçût un accueil défavorable. Depuis trois ans qu'elle a été publiée, je n'ai pas cessé de livrer mes loisirs à des recherches tendant au même but, c'est à dire à l'intérêt de l'instruction. Je suis assez heureux pour annoncer qu'entr'autres résultats obtenus, se trouve un procédé extrêmement important. Du reste on en jugera par l'explication faite dans ce rapide exposé. Cette amélioration, d'une simplicité extrême, doit assurer d'une manière invariable l'uniformité des commandements et rendre on ne peut plus facile pour tous l'étude de l'intonation.

NOTIONS SOMMAIRES.

NOTIONS SOMMAIRES

APPLICABLES AUX PRINCIPALES AMÉLIORATIONS.

Les titres et articles ainsi que les leçons de l'Ordonnance restent exactement dans le même ordre de classement. Les commandements, sauf la disposition de leurs caractères, dont il va être parlé, restent également les mêmes jusqu'aux évolutions de régiment, excepté cependant celui des formations *en avant en bataille*, qui indique le côté vers lequel la formation doit s'exécuter, indication qui levera l'incertitude existant toujours chez les cavaliers au moment de l'exécution, quand on ne fait que le commandement de l'Ordonnance actuelle, et qui n'obligera plus l'instructeur à crier, après avoir prononcé son commandement : *obliquez à gauche*, *obliquez à droite*.

C'est à M. le colonel Itier que nous devons ce commandement.

Puisque je viens d'avoir l'honneur de parler de M. le colonel Itier, je ne puis m'empêcher de faire ici une réflexion sur son excellent système de manœuvres : si la Théorie que j'ai livrée à la publicité est applicable ou non à ce système, c'est afin qu'elle puisse également servir après qu'il aura été adopté, adoption qui, tôt ou tard, et c'est l'entière conviction de tous ceux qui l'ont profondément étudié, ne peut manquer d'être obtenue. On a même lieu de s'étonner que cette belle et grande idée n'ait point encore été admise.

C'est une chose digne de remarque, que chez nous, chez un peuple comme le nôtre, il faille toujours un temps extrêmement long avant d'adopter une chose quelconque, lors même qu'elle est reconnue par tout le monde comme ne pouvant manquer d'amener d'avantageux résultats, comme si l'on ne savait pas que c'est en ajoutant le travail d'un homme aux travaux d'un autre homme ; le travail d'un jour aux travaux d'un an, et ceux-ci à ceux d'un siècle, que l'on peut ainsi progressivement approcher de la perfection !

On peut reprocher au système sans inversion la suppression des ruptures par la gauche qui doivent et peuvent subsister avec lui.

Par une simple modification apportée à l'Ordonnance et qui, du reste, se trouve déjà dans la Théorie que j'ai imprimée, ces ruptures ne font nullement obstacle au système sans inversions, lequel s'applique essentiellement aux manœuvres. Toutes les fois que les ruptures ont lieu par la gauche par quatre, par deux ou par un, on rentre uniquement dans les principes de l'école de peloton. Elles ne sont donc point une dérogation à ce système, et lors même qu'elles présenteraient quelques difficultés, elles ont trop d'importance pour ne pas être maintenues. Leur suppression serait non seulement nuisible à l'instruction d'une bonne troupe, à la formation de bons cavaliers, mais la privation de tous les mouvements qu'elle entraînerait serait très préjudiciable dans certaines circonstances qui peuvent se rencontrer fréquemment à la guerre. *Les ruptures par la gauche* procurent des formations et mouvements, d'autant plus précieux, qu'ils ne peuvent être remplacés au moyen des ruptures par la droite qu'avec beaucoup moins de célérité et partant moins de sécurité.

Avec elles, non seulement on a l'avantage de pouvoir se déployer par la gauche de chaque peloton, mais encore toutes les formations en colonne par quatre, par deux ou par un sont possibles, tandis que sans elles on ne peut se former en avant en bataille, vers la droite, ni sur la gauche en bataille ; en voici l'exemple :

1° Supposons un peloton en bataille qui, pour une cause quelconque, devrait longer, en colonne par un, le côté gauche d'une route, ou, mieux encore, marcher dans le même ordre le long d'un mur ou d'un bois qui se trouverait à sa gauche ; il romprait nécessairement par la gauche, ayant rompu ainsi, il pourrait donc, en cas de nécessité, se former en avant en bataille. Cela pourrait-il se faire aussi avantageusement en rompant par la droite ?

2° Un escadron en bataille, ayant à passer par un chemin étroit, situé à sa gauche et à l'issue duquel il devrait se former immédiatement sur la gauche en bataille, romprait nécessairement par la gauche, par un ou par deux, etc., afin de pouvoir exécuter sa formation. Le peloton de gauche pourrait aussi se porter de suite en avant, suivant le besoin. Pourrait-on le faire aussi avantageusement sans les ruptures par la gauche?

Ces ruptures, d'ailleurs, seraient-elles moins utiles, exigeraient-elles encore un plus long travail pour être bien comprises, qu'il faudrait encore les conserver. Le temps employé à l'instruction est toujours profitable; c'est une erreur de chercher à y laisser les cavaliers le moins longtemps possible; car, en effet, on n'est pas du tout bon cavalier parce qu'on arrive promptement à l'école d'escadron. Le mécanisme des mouvements d'ensemble est bientôt connu; il arrive fréquemment que, guidé par ses voisins, on les exécute sans les comprendre. Pour justifier cette assertion, on n'a qu'à prendre le premier venu des hommes de recrue, le placer au milieu d'un rang de quatre, et il est certain qu'entraîné par les autres cavaliers de ce rang, il n'en fera pas moins, quant à l'exécution des mouvements, l'école d'escadron comme un ancien cavalier. Ce qui constitue le bon cavalier, est l'habileté à bien conduire son cheval, à manier ses armes et à exécuter correctement tous les mouvements de l'école de peloton. Pour obtenir ces résultats, il ne faut donc point chercher à supprimer des mouvements, mais au contraire à en faire exécuter le plus possible, tout en se conformant à la gradation de l'instruction des hommes de recrues.

Cette gradation semble au premier abord exiger trop de temps, et répugne peut-être à certains instructeurs qui attachent quelque mérite à faire arriver promptement les cavaliers à l'école d'escadron. Que l'on agisse de la sorte quand on se trouve poussé par de pressants besoins, cela se conçoit ; mais le faire en temps ordinaire, c'est vouloir imiter, en obtenant des résultats analogues, ceux qui, par exemple, prétendent apprendre à écrire le français en quelques leçons, ou encore, que l'on me passe cette comparaison, ceux qui veulent dresser les chevaux dans l'espace de 30 à 40 jours. Sans doute, des connaissances peuvent s'acquérir en plus ou moins de temps par telle intelligence que par telle autre ; mais on n'ignore pas qu'en général les choses qui s'apprennent le plus promptement, et surtout au moyen de certains procédés pour ainsi dire surnaturels, sont aussi celles qui s'en vont encore plus vite qu'elles ne sont venues. Aux yeux de ceux qui ont vieilli sur les terrains d'exercice et de manœuvre, en appliquant les principes de l'Ordonnance qu'ils ont tant de fois piochés, la gradation qu'elle présente est la plus régulière, la plus efficace et, par conséquent, la plus prompte dans ses résultats. Certainement dans un cas d'urgence, comme le dit le rapport de la Commission qui l'a établie, le cavalier qui aurait suivi cette gradation, pourrait être plus utilement employé que celui auquel on aurait déjà fait exécuter beaucoup de mouvements d'ensemble et dont l'instruction première aurait été né-

1.

gligée. Mieux vaut donc multiplier les mouvements
utiles, que d'en diminuer le nombre et vouloir prouver que les ruptures par la gauche ne sont d'aucune utilité, c'est vouloir prouver que deux sûretés
ne valent pas mieux qu'une.

Après cette digression, un peu longue, je reviens à
l'amélioration dont j'ai parlé en commençant, et
qui est relative aux commandements. Cette amélioration a pour but d'annuler incontestablement le
travail d'étude de leur intonation, en donnant à celle-
ci une justesse dont il ne sera plus permis à personne de s'écarter. Elle n'y ajoute ou n'y retranche
aucune lettre, excepté pour un seul, jusqu'aux évolutions de régiments. Les syllabes des commandements préparatoires qui doivent déterminer une
exécution ou un commencement d'exécution, seront
formés par des caractères semblables à ceux des
commandements d'exécution, et les autres parties,
qui doivent être prononcées toutes sur le même ton
resteront formées en caractères *italiques* ; ainsi le
paragraphe des bases d'instruction, indiquant leur
distinction, sera établi comme suit :

Les commandements d'avertissement et préparatoires sont distingués par des *lettres italiques* et
MINUSCULES ; ceux d'exécution par des MINUSCULES
seulement. Comme l'explique la méthode en usage à
l'école de cavalerie pour donner la leçon, l'intonation des commandements *garde à vous, marche et
halte* se trouve fixée par l'Ordonnance elle-même ;
par analogie on a déterminé dans le même sens celle
du commandement *fixe*, et du commandement *en
ligne*, qui sont tous deux commandements d'exécu-

tion, ils resteront donc écrits avec les mêmes caractères ; exemple : MARCHE. HALTE. FIXE. EN LIGNE. Le commandement d'avertissement *garde à vous*, devant être prononcé en appuyant sur la première syllabe, on l'écrira ainsi : GARde à vóus.

Les variétés des commandements préparatoires, très nombreux, sont nécessaires pour éviter la monotonie et les faire reconnaître par l'intonation seule. Les commandements, bien connus, *cavalier en avant et cavalier à droite, marche*, servent de type ; le premier, à tous ceux qui se terminent par une syllabe pleine, parce qu'on doit appuyer sur la dernière syllabe. Le second, à tous ceux qui se terminent par une syllabe muette, parce qu'on doit appuyer sur l'avant-dernière.

Exemple :

Peloton en AVANT,

Par DEUX,

Marchez DEUX,

Formez le PELOTON,

Par peloton === *rompez l'esca*DRON.

Cavalier en AVANT, MARCHE. — de même — MARCHE.

Peloton à GAUCHE, (*ou à* DROITE),

Par QUATRE,

Marchez QUATRE,

En avant en BATAILLE,

Peloton demi tour à DROITE (*ou à* GAUCHE).

Ceux qui doivent être coupés en deux et ont pour type *reposez-vous sur vos armes*, auront leurs premières parties écrites de la même manière, c'est à dire comme *reposez-vous* et seront prononcés sur le même ton ; exemple :

En place === REPOS.

L'arme sur l'épaule === DROITE.

Prenez le filet === DE LA MAIN DROITE.

Peloton rompez en arrière par la droite === *pour marcher vers la* GAUCHE.

A droite et à gauche === MOULINET.

Cependant le commandement *à droite alignement* doit être prononcé différemment de *à droite moulinet*, attendu que dans le premier, *à droite* détermine un commencement d'exécution, le rassemblement des chevaux ; son intonation doit être comme *cavalier à* DROITE, tandis que le deuxième, *à droite moulinet*, n'ayant point de commencement d'exécution, doit être prononcé comme *reposez-vous*. Le premier, au contraire, doit être fait ainsi : A DROITE ═ (ou à GAUche) ALIGNEMENT. Il en est de même du commandement tournez ═ (à) DROITE (ou à GAUche); la première partie *tournez*, déterminant le rassemblement des chevaux, doit être écrite comme *cavalier en* AVANT, pour être prononcée de même : TOURNEZ. ═

Lorsque deux parties d'un commandement déterminent chacune une exécution, on leur donne l'intonation du commandement REMETTEZ — (le) SABRE.

Lorsque deux commandements préparatoires sont placés à la suite l'un de l'autre, on doit conserver la progression ascendante dans le ton du commandement, comme le veut l'Ordonnance : dans ce cas, le premier est prononcé dans le ton ordinaire, et le deuxième en appuyant sur la première syllabe au lieu d'appuyer sur la dernière.

EXEMPLE :

Cavalier en AVANT.

PAS *accéléré.*

MARCHE.

Colonne en AVANT.

Au trot — ... — *MARCHE*. ... — *Marchez* DEUX, — AU *trot* — MARCHE — *Par pelotons* — *Rompez l'escadron* — AU *galop* — *Pelotons à* DROITE — *Tête de colonne à gauche* ...

Lorsqu'ils sont divisés en trois parties, il faut faire attention à celle qui n'est pas d'avertissement, afin de la prononcer comme *reposez-vous*. Exemple : *Par quatre files à* DROITE — *et dans chaque peloton* — TÊTE *de colonne à gauche*, MARCHE. Dans cet exemple la partie prononcée sur le même ton se trouve au centre du commandement, tandis qu'au contraire elle est en tête dans celui-ci :

Dans chaque peloton ⚌ *par* QUATRE ⚌ AU *trot*.

Le commandement *chargez* ayant plusieurs significations, à pied il peut bien être noté comme les autres commandements préparatoires, dans *chargez* ⚌ ARMES, parce que là il a pour type *reposez-vous* ⚌ mais dans la charge après avoir fait feu, où il est seul et réellement commandement d'exécution, on ne peut, sans faire exception, le noter comme son type d'intonation *cavalier en* AVANT, dans ce cas, ne voulant pas faire d'exception, on le laissera en miniscules, et afin d'indiquer autant que possible l'intonation qui lui est propre, on donnéra différentes dimensions aux lettres qui le composent : CHARGEZ, ce qui indiquera qu'il faut appuyer sur la dernière syllabe.

A cheval, pour prendre le galop de charge, ce

commandement devant avoir] l'intonation de celui d'avertissement GAR*de à vous* , et étant aussi commandement d'exécution, doit pour le même motif que ci-dessus être établi ainsi :

C H A R G E z, ce qui non seulement indiquera qu'il faut appuyer sur la première syllabe, mais cet espacement des lettres montrera aussi qu'il doit être prolongé et non fait avec la brièveté qu'il doit avoir à pied.

Ne peut-on pas fermement espérer qu'une fois tous les commandements établis et notés de cette façon dans l'Ordonnance , la même intonation sera invariablement appliquée par tous ceux appelés à commander ?

Dans la nouvelle rédaction de l'Ordonnance, les commandements devront être aussi généralement transposés, ils seront à la suite de l'explication et non en tête comme dans la Théorie actuelle. Au premier abord, cette transposition semblera peut-être n'offrir aucun avantage, peut-être même sera-t-elle envisagée sous un point de vue défavorable ; mais aussitôt que l'on aura perdu de vue leur placement actuel, on ne tardera pas à revenir de cette première imperssion. Du reste, ils se trouvent déjà ainsi dans les quelques exemplaires distribués, et, l'on ne s'en plaint pas. Placés immédiatement après chaque mouvement, à la suite du détail qui deman-

de de suite l'exécution, ils viennent se présenter à
l'idée en même temps que le littéral et sont toujours
faits à propos. Et puis, lorsqu'on ne détaille plus,
qu'on ne fait que les commandements, ils servent
également à faire porter la mémoire et des yeux
sur le texte, de façon que le tout se trouvant bien
classé et se présentant ainsi à l'esprit, non seulement
le détail et les commandements coulent de source,
mais aucune irrégularité ne peut échapper à celui
qui instruit ; cette disposition des commandements
procure également plus de facilité pour apprendre et
fait que l'on oublie moins vite.

Tous les mouvements sont précédés d'une indication et sont tous rédigés comme dans l'Ordonnance
actuelle en caractères différents des observations.
L'indication est en gros caractère ; elle est donnée,
ainsi que le détail, littéralement et à haute voix
par l'instructeur. Le détail contient exactement tout
ce qui est nécessaire pour faire bien comprendre le
mécanisme et l'exécution correcte du mouvement ;
les observations sont le complément ; et, lorsque
l'instructeur après avoir donné le détail le croit insuffisant, ou après l'exécution, s'il n'a pas été bien
compris, ou enfin s'il y a eu quelque erreur de
commise, c'est dans le texte des observations qu'il
puise tous les matériaux nécessaires soit pour suppléer au détail, soit pour corriger et rectifier les
défauts ou les fautes. De cette manière, on conçoit
aisément que des instructeurs, employant toujours
des expressions de l'Ordonnance, bien qu'ils alternent entre eux pour l'instruction, rendent néan-

moins leurs leçons plus intelligibles pour les hommes qu'ils instruisent.

On a supprimé ces nombreuses observations qui, précédant le détail, faisaient connaître l'attitude que devait avoir la troupe pour l'exécution de tel ou tel mouvement. Lorsque cette attitude ne se trouve pas suffisamment exprimée par l'indication ou bien par le commandement, le texte l'indique assez ; ainsi l'instructeur, connaissant l'indication, le commandement et le littéral, ne peut ignorer la disposition qu'il doit donner à sa troupe. Le nouveau texte indique toujours si le mouvement doit commencer de pied ferme ou en marche ; lorsqu'il ne doit pas commencer de pied ferme et que l'indication n'en fait point mention, l'explication commence toujours par *la colonne, ou le peloton, ou l'escadron étant en marche, au commandement*, etc. Le commandement est aussi toujours relaté dans l'explication, et non comme dans la Théorie actuelle où il est désigné très souvent par l'énumération ordinaire *au 1er, au 2e, au 3e ou au 4e commandement, etc.* ; série dont on ne se souvient plus après l'explication terminée et qui est toujours très difficile à saisir au passage des commandements qui se font.

On a dû nécessairement réduire cette multitude de répétitions inutiles qui se trouvaient presque à chaque mouvement, comme *au commandement fixe, replacer la tête directe. L'escadron étant aligné, le capitaine commandant commande fixe ; au commandement à droite alignement, les cavaliers s'alignent, etc.* Répétitions s'adressant à des cavaliers déjà instruits, tandis qu'il n'y a pas un homme de recrue, ne comprendrait-il même pas un mot de français, qui ne sache replacer la tête directe au commandement fixe.

Non seulement sans affaiblir les principes, mais en les rendant encore plus fructueusement applicables, sans obliger à rien apprendre de nouveau, on a pu supprimer plusieurs paragraphes n'ayant aucune importance; et, pour la bonne exécution entière et correcte de quelques mouvements, on a aussi réuni aux applications certaines parties des observations.

Une explication succincte pour l'application des principes prescrits aux bases de l'instruction pour donner la leçon, précède l'école du cavalier à pied.

L'instruction sur la manière d'ajuster un arçon et une selle sur le dos du cheval, de paqueter, seller, brider, etc., a été mise en rapport avec le nouveau harnachement. Enfin, l'article 7 des bases d'Instruction relatif à l'embouchure a été également mis en rapport avec le cours d'équitation militaire suivi aujourd'hui.

L'instruction sur le tir à la cible a été modifiée d'après l'instruction provisoire sur le tir, du 15 juillet 1845, publiée par ordre de M. le ministre de la guerre, et d'après le titre II approuvé le 4 novembre 1849.

Voilà les principaux changements que doit subir la Théorie actuelle, des autres ne seront uniquement que des transpositions de mouvements et de quelques paragraphes, lesquels peuvent facilement avoir lieu sans déroger en rien à l'esprit de l'Ordonnance qui doit toujours être respecté.

J'ai exposé succinctement ces améliorations com-
binées par suite d'observations longtemps mûries et
fortifiées par la pratique. Je les crois nécessaires à
l'application de l'Ordonnance , et, dut mon modeste
travail ne servir qu'à appeler sur ces questions l'attention des hommes spéciaux , je croirai ne pas
avoir perdu mon temps, puisque j'aurai trouvé une
occasion nouvelle d'être utile à l'instruction militaire qui est la préoccupation de toute ma vie.

ALBERT LIASSE.

ORDONNANCE

SUR

L'EXERCICE ET LES ÉVOLUTIONS

DE LA CAVALERIE.

TITRE PREMIER.

DES BASES DE L'INSTRUCTION.

ARTICLE PREMIER.

FORMATION D'UN RÉGIMENT DE SIX ESCADRONS DANS L'ORDRE DE BATAILLE.

Les escadrons d'un régiment en bataille sont distingués par la dénomination de 1er, 2e, 3e, 4e, 5e et 6e; ils sont formés sur la même ligne, dans l'ordre de ces numéros, en commençant par la droite, et à 12 pas d'intervalle.

Chaque escadron est formé de quatre pelotons, distingués par la dénomination de 1er, 2e, 3e et 4e, en commençant par la droite.

Les 1er et 2e pelotons forment la 1re division ; les 3e et 4e forment la 2e division.

2

La formation est sur deux rangs, les plus anciens cavaliers dans chaque peloton, sont placés au 1er rang, et de la droite à la gauche, dans chaque rang.

Cet ordre des escadrons dans les régiments et des pelotons dans les escadrons, est l'ordre constitutif et habituel, lors des rassemblements, revues et inspections, et dans le cas de ralliement général; mais, en évolutions, les escadrons et pelotons n'ont pas de désignation fixe et leur désignation dépend toujours de leur position.

Lorsque le régiment doit être exercé, les escadrons en bataille sont distingués par la dénomination de : escadron de droite, 2e, 3e, 4e, 5e, et escadron de gauche.

En colonne, les escadrons sont distingués par la dénomination de : escadron de tête, 2e, 3e, 4e, 5e, et dernier escadron, suivant les places qu'ils occupent dans l'un ou l'autre ordre.

Chaque escadron est habituellement formé de 48 files, divisées en quatre pelotons et deux divisions; par conséquent chaque division est composée de 24 files, et chaque peloton de 12. Si l'escadron est porté à 64 files, le peloton se subdivise alors en 2 sections; celle de droite est la 1re et celle de gauche la 2e.

Les pelotons sont désignés de même que les escadrons en bataille, par la dénomination de peloton de droite, 2e et 3e peloton de gauche. En colonne par celle de : peloton de tête, 2e 3e et dernier peloton, d'après leur position.

Ce qui est prescrit pour la formation à cheval est applicable à la formation à pied.

Place des Officiers et Sous-Officiers de l'Etat-Major d'un régiment dans l'ordre en bataille.

Le colonel, à 25 pas en avant du centre du régiment, ayant derrière lui le capitaine-instructeur en chef, l'officier d'état-major, et derrière ces deux officiers, le trompette brigadier.

Le lieutenant-colonel, à 2 pas de la droite du régiment, et à 12 pas de distance en avant du 1er rang.

Le 1er chef d'escadrons vis à vis du centre du 2e escadron,

Le 2e chef d'escadrons vis à vis du centre du 5e escadron,

Le major, à 2 pas de la gauche du régiment,

} sur l'alignement du lieutenant-colonel.

Le colonel se porte partout où sa présence est nécessaire.

Le lieutenant-colonel, partout où le colonel juge à propos de l'employer pour assurer l'ensemble des mouvements.

Le major surveille l'alignement général du 2e rang et des serre files, à moins que le colonel ne l'emploie autrement.

Le 1er adjudant-major, sur l'alignement du 1er rang, à 2 pas de la droite du régiment. Toutes les fois qu'on marche en bataille, le guide à droite, il est chargé de donner les points sur lesquels on doit se diriger, de surveiller les guides et la direction de la marche.

Le 2e adjudant-major, sur l'alignement du 1er rang, à 2 pas de la gauche du régiment. Il est chargé des mêmes fonctions que le 1er adjudant-major, lorsque l'on marche en bataille avec le guide à gauche.

Ces deux officiers sont, en outre, chargés du tracé des lignes.

Le porte-étendard est placé à l'avant-dernière file de gauche du 1er rang du 4e peloton du 3e escadron; et compte dans le rang.

Le trésorier, l'officier d'habillement, le chirurgien-major, les chirurgiens-aides-major et le vétérinaire en 1er sont placés sur un rang, et dans l'ordre où ils sont ici nommés, à 25 pas en arrière de la droite du 1er escadron.

A 2 pas à leur gauche, sont placés le vétérinaire en 2e, et les maîtres ouvriers.

Le 1er adjudant est placé derrière le 1er adjudant-major, sur l'alignement du 2e rang.

Le 2° adjudant est placé de même, derrière le 2° adjudant-major.

Les guides-généraux de droite et de gauche se placent en arrière de ces deux adjudants, sur l'alignement des serre-files.

Le 3° adjudant est à la tête des trompettes, dont il dirige les mouvements.

Les trompettes, formés sur 2 rangs, sont placés à 25 pas en arrière du centre du régiment. Dans les revues, ils se placent à 2 pas de l'adjudant-major de droite, sur l'alignement du 1er rang.

Les trompettes d'un escadron isolé sont placés de la même manière, mais sur un rang.

Place des Officiers, Sous-Officiers et Brigadiers dans l'Escadron en bataille.

Le capitaine-commandant est placé au centre de l'escadron, la croupe de son cheval à un pas en avant de la tête des chevaux du 1er rang.

Le capitaine en second, à 3 pas en arrière du centre de l'escadron : il est chargé de l'alignement du 2e rang et des serre-files.

Le lieutenant en 1er commande le 1er peloton.

Le lieutenant en second commande le 4e peloton.

Le 1er sous-lieutenant commande le 2e peloton.

Le 2e sous-lieutenant commande le 3e peloton.

Chacun de ces officiers est placé au centre de

son peloton, la croupe de son cheval à un pas en avant de la tête des chevaux du 1er rang.

Le maréchal-des-logis-chef est placé derrière la 3e file de droite du 1er peloton ; il est guide principal lorsqu'on se forme par la gauche.

Le fourrier, derrière la 3e file de gauche du 4e peloton ; il est guide principal lorsqu'on se forme par la droite.

Le 1er maréchal-des-logis est placé à la droite du 1er rang de l'escadron ; il ne compte pas dans le rang.

Le 2e maréchal-des-logis, à la droite du 1er rang du 1er peloton ; il compte dans le rang.

Le 3e maréchal-des-logis, derrière la 3e file de droite du 2e peloton.

Le 4e maréchal-des-logis, à la gauche du 1er rang du 2e peloton ; il compte dans le rang.

Le 5e maréchal-des-logis, à la droite du 1er rang du 3e peloton ; il compte dans le rang.

Le 6e maréchal-des-logis, derrière la 3e file de gauche du 3e peloton.

Le 7e maréchal-des-logis, à la gauche du 1er rang du 4e peloton ; il compte dans le rang.

Le 8e maréchal-des-logis, à la gauche du 1er rang de l'escadron ; il ne compte pas dans le rang.

Tous les serre-files ont la tête de leurs chevaux à un pas de la croupe de ceux du 2e rang.

En cas d'absence de quelques-uns des serre-files

désignés , il y est suppléé par les sous-officiers comptant dans le rang, afin qu'il s'en trouve toujours un derrière chaque peloton.

Les 16 brigadiers sont placés dans les deux rangs, aux ailes de leurs pelotons respectifs.

Lorsque l'étendard doit prendre place dans un escadron, le brigadier de gauche du 4e peloton se place à la 4e avant-dernière file ; à sa gauche le 5e maréchal-des-logis, le porte-étendard, puis le 7e maréchal-des logis.

Dans les escadrons qui sont aux ailes d'un régiment, on ne place pas de maréchal-des-logis à la droite du 1er peloton du 1er escadron, ni à la gauche du dernier peloton du dernier escadron. Les 2e et 7e maréchaux-des logis de ces escadrons sont guides généraux.

Dispositions particulières pour les Revues et Inspections.

Dans une revue ou inspection , le lieutenant-colonel et le major se rapprochent du 1er rang et se placent sur la ligne des officiers.

Le 1er chef-d'escadron se place sur la même ligne , à la gauche et à un pas du lieutenant-colonel.

Le 2e chef-d'escadron sur le même alignement à un pas de la droite du 4e escadron.

Le colonel, après avoir fait mettre le sabre à la main et commandé l'alignement , ordonne aux trompettes de sonner, et se porte vivement au-devant de la personne à qui on rend les honneurs, salue du sabre, et reste à portée de recevoir ses ordres. En l'accompagnant dans sa revue, il lui cède toujours le côté de la troupe.

Lorsqu'on fait ouvrir les rangs, les officiers supérieurs et autres font face à la troupe, de manière que la tête de leurs chevaux soit à 6 pas (6 mètres) du 1er, rang. A cet effet, ils se portent en avant et font demi-tour à gauche. Les serre-files reculent également de six pas.

L'inspection finie, lorsqu'on fait serrer les rangs, tous les officiers se remettent face en tête par demi-tour à droite.

A pied, les officiers font face à la troupe et se remettent face en tête par demi-tour à droite.

Rassemblement d'un régiment à cheval.

Quand un régiment doit monter à cheval, on sonne le *boute-selle*; à ce signal on selle.

Lorsqu'on sonne le *boutecharge* on charge et l'on bride; les cavaliers tiennent leurs chevaux prêts à sortir de l'écurie.

Quand on sonne *à cheval*, l'officier de semaine et les maréchaux-des-logis les font sortir.

Les sous-officiers, brigadiers et cavaliers étant placés sur deux rangs, par ordre de peloton, à la tête de leurs chevaux, le maréchal-des-logis-chef en fait l'appel; l'officier de semaine fait compter par quatre et monter à cheval. Chaque officier passe l'inspection et rend compte au capitaine en second, qui, après avoir reçu et vérifié les différents rapports; rend compte au capitaine-commandant, en lui remettant le commandement.

Les chefs-d'escadrons, après avoir reçu les rapports des capitaines-commandants de leurs escadrons, font leur rapport au lieutenant colonel; semblables rapports sont rendus, par les maréchaux-des-logis-chefs, à l'adjudant-sous-officier de semaine qui les transmet à l'adjudant-major de semaine, lequel les rend au lieutenant-colonel.

Le lieutenant-colonel ayant reçu ces différents rapports, et s'étant assuré que toutes les inspections ont été passées, donne ses ordres à l'officier supérieur de semaine, pour faire sonner l'*assemblée* et réunir le régiment.

Après la réunion du régiment, il en passe l'inspection; et, à l'arrivée du colonel, il lui fait son rapport et prend ses ordres.

Le colonel détache la troupe qui doit aller chercher l'étendard; si l'étendard est trop éloigné du lieu de rassemblement, le colonel fait partir cette troupe avant de faire monter le régiment à cheval.

Dans les camps, ou lorsque le colonel loge dans le quartier, le porte-étendard va prendre l'étendard, escorté seulement de deux maréchaux-des-logis.

En cas d'alerte ou de surprise, comme il s'agit de se mettre sous les armes le plus tôt possible, on sonne *à cheval*; alors le cavalier selle, charge, bride et monte à cheval avec la plus grande célérité, pour se rendre au lieu du rassemblement, qui est toujours déterminé d'avance.

Rassemblement d'un régiment à pied.

Lorsqu'un régiment doit prendre les armes à pied, on fait sonner quatre appels consécutifs ; à ce signal, les cavaliers sont réunis, inspectés, et les rapports rendus comme il est prescrit.

Formation de la troupe d'escorte de l'étendard.

Les escadrons d'un régiment, en commençant par le premier, fournissent tour à tour l'escorte de l'étendard.

Le capitaine-commandant et le capitaine en second alternent pour le commandement de cette escorte.

Elle est composée de deux pelotons.

Chaque escadron, successivement, fournit d'abord ses deux premiers pelotons et ensuite ses deux derniers.

Le 1er peloton de l'escorte fournit l'avant-garde composé de deux cavaliers en avant, *mousqueton ou pistolet-haut* (selon l'arme) ; un brigadier et quatre cavaliers ayant le sabre à la main (ou la lance portée), marchent à dix pas des deux premiers.

Les trompettes formées par quatre, et conduits

par un adjudant, marchent à 10 pas des quatre cavaliers qui précèdent.

Le restant du 1er peloton, le sabre à la main (ou la lance portée), ayant le lieutenant à sa tête, marche par quatre à 10 pas des trompettes.

Le porte-étendard marche immédiatement après, entre deux maréchaux-des-logis.

Le 2e peloton, le sabre à la main (ou la lance portée), ayant à sa tête le sous-lieutenant, suit le porte-étendard, marche par quatre, et fournit l'arrière-garde, composée d'un brigadier et deux cavaliers qui marchent le sabre à la main (ou la lance portée), à 10 pas en arrière du 2e peloton.

Deux autres cavaliers, le *mousqueton* ou le *pistolet-haut* (selon l'arme), marchent à 10 pas en arrière.

Le capitaine marche à 4 pas du flanc gauche, à hauteur du porte-étendard.

Ce détachement, arrivé sans bruit de trompette au lieu où est l'étendard, y est formé en bataille.

L'adjudant met pied à terre, va prendre l'étendard, et le remet lui-même au porte-étendard.

Réception de l'Étendard.

Dès que l'étendard paraît, le capitaine fait présenter le sabre ; les trompettes sonnent *à l'étendard*.

Après deux reprises de cette sonnerie, le capitaine fait porter le sabre et rompre, pour se remettre en marche dans le même ordre où il est venu; les trompettes sonnent *la marche.*

Lorsque l'étendard arrive, le colonel fait mettre le sabre à la main; les trompettes cessent de sonner et vont prendre, ainsi que l'escorte, leur place de bataille en passant derrière le régiment.

Le porte-étendard, accompagné des deux maréchaux-des-logis, se dirige vers le centre du régiment, parallèlement au front, et s'arrête devant le colonel, faisant face au régiment; le colonel, fait alors présenter le sabre et sonner *à l'étendard;* il salue du sabre. Le porte étendard se rend ensuite à sa place de bataille, et le colonel fait porter le sabre.

Les officiers supérieurs saluent du sabre, lorsque l'étendard passe devant eux.

L'étendard reçoit à son départ les mêmes honneurs qu'à son arrivée, et il est reconduit au logement du colonel dans l'ordre prescrit ci-dessus.

A pied, l'escorte est composée de la même manière, et l'étendard reçoit les mêmes honneurs.

Salut de l'Étendard.

Lorsque l'étendard doit rendre les honneurs, le porte-étendard salue de la manière suivante, en deux temps.

1. A 4 pas de la personne qu'on doit saluer, baisser doucement la lance, en avant, en se rapprochant le plus possible de la ligne horizontale.

2. Relever doucement la lance , lorsque la personne que l'on a saluée est dépassée de 4 pas.

Salut du Sabre.

Lorsque lés officiers supérieurs et officiers doivent saluer, soit à cheval, soit à pied, de pied ferme ou en marchant, ils le font en 4 temps.

1. A 4 pas de la personne qu'on doit saluer, élever le sabre perpendiculairement , la pointe en haut , le tranchant à gauche , la poignée vis à vis et à 33 centimètres (1 pied) de l'épaule droite , le coude à 16 centimètres (6 pouces) du corps.

2. Baisser la lame en étendant le bras de toute sa longueur, le poignet en quarte , jusqu'à ce que la pointe du sabre se trouve vers le pied.

3. Relever vivement le sabre, la pointe en haut, comme au premier temps , lorsque la personne qu'on a saluée est dépassée de 4 pas.

4. Porter le sabre à l'épaule.

ARTICLE II.

FORMATION D'UN RÉGIMENT DE SIX ESCADRONS DANS L'ORDRE EN COLONNE.

—————

Ordre en colonne par deux ou par quatre.

Dans cet ordre, les escadrons conservent entre eux une distance de 12 pas (12 mètres) égale à leur intervalle en bataille.

Cette distance se compte de la croupe des chevaux des dernières files d'un escadron, à la tête des chevaux des premières files de l'escadron qui suit.

Le colonel marche au centre du régiment, du côté des guides, à 25 pas du flanc de la colonne, ayant derrière lui les mêmes officiers que dans l'ordre en bataille, et le brigadier-trompette. Il se porte d'ailleurs partout où sa présence l'exige.

Le lieutenant-colonel, du côté des guides, à 12 pas du flanc de la colonne, marche habituellement à hauteur du lieutenant commandant le 1er peloton du 1er escadron.

Les chefs-d'escadrons marchent dans la direction du lieutenant-colonel, à une égale distance de la colonne et à hauteur du centre de leurs escadrons respectifs.

Le major marche également dans la direction du lieutenant-colonel, et à hauteur du guide particulier de gauche du 6e escadron.

Le 1er adjudant-major marche du côté des guides; à 2 pas du flanc et à hauteur des premières files de la colonne, pour surveiller les guides et la direction de la marche.

Le 2e adjudant-major marche du côté des guides, à 2 pas du flanc et à hauteur du guide particulier de gauche du 6e escadron; si la gauche est en tête, il exécute, du côté des guides, ce qui est prescrit pour le 1er adjudant-major lorsque la droite est en tête.

Le 1ᵉʳ adjudant, ayant derrière lui le guide général de droite, marche du côté opposé aux guides, à 2 pas du flanc et à hauteur des premières files de la colonne.

Le 2ᵉ adjudant, ayant derrière lui le guide général de gauche, marche du côté opposé aux guides, à 2 pas du flanc et à hauteur des dernières files de la colonne.

Le 3ᵉ adjudant marche à la tête des trompettes.

Les capitaines-commandants marchent du côté des guides, à 4 pas du flanc et à hauteur du centre de leur escadron.

Les capitaines en second marchent du côté opposé aux guides, à 4 pas du flanc et à hauteur du centre.

Le lieutenant en premier de chaque escadron marche en tête du 1ᵉʳ peloton, à un pas en avant des premières files, ayant à sa droite le guide particulier de droite.

Les chefs des autres pelotons marchent du côté des guides, à un pas du flanc de la colonne et à hauteur de leurs premières files ; les serre-files marchent du côté opposé aux guides, à un pas du flanc et à hauteur du centre de leur peloton.

Les uns et les autres marchent suivant ce même principe sur les flancs de la colonne, lorsque, la gauche est en tête, et dans ce cas, c'est le lieutenant en second qui marche dans la colonne, en tête du 4ᵉ peloton de chaque escadron.

Le guide particulier qui, dans l'ordre en bataille, est placé à la gauche de l'escadron, marche derrière les dernières files de l'escadron; lorsque la colonne a la gauche en tête, il est placé à la gauche de l'officier commandant le 4e peloton, à un pas en avant de la file de gauche.

Lorsque la nature du terrain oblige les officiers et les serre-files à rentrer dans la colonne, le mouvement se fait successivement; les officiers supérieurs, les capitaines-commandants et les chefs de peloton se placent en tête, les capitaines en second et les serre-files à la queue de leurs troupes respectives.

Le major marche à la gauche du régiment, ainsi que le 2e adjudant-major et le 2e adjudant.

On rétablit l'ordre primitif aussitôt que le terrain le permet.

Ordre en colonne par pelotons.

Dans cet ordre, la distance d'un peloton à un autre, mesurée des cavaliers d'un 1er rang à ceux d'un autre 1er rang, est égale au front d'un peloton; c'est à dire qu'elle est de 12 pas si les pelotons sont de 12 files. En retranchant la profondeur de deux rangs, qui est de six pas, il reste 6 pas de la croupe des chevaux du 2e rang d'un 1er peloton, à la tête des chevaux du 1er rang d'un 2ᵉ peloton, distance égale à la moitié du front d'un peloton.

Le colonel marche au centre du régiment, du côté des guides, à 25 pas du flanc de la colonne : ayant derrière lui les mêmes officiers que dans l'ordre en bataille, et le brigadier-trompette : il se porte d'ailleurs partout où sa présence l'exige.

Le lieutenant-colonel marche habituellement du côté des guides à 12 pas du flanc de la colonne, et à hauteur du lieutenant commandant le 1ᵉʳ peloton du 1ᵉʳ escadron.

Les chefs-d'escadrons marchent dans la direction du lieutenant-colonel, et à hauteur du centre de leurs escadrons respectifs.

Le major marche dans la direction du lieutenant-colonel, et habituellement à hauteur des serre-files du dernier peloton de la colonne.

Le 1ᵉʳ adjudant-major marche derrière la file de gauche du 1ᵉʳ peloton, pour surveiller le guide de la colonne; il doit aussi parfois se porter en avant de cet même file, pour s'assurer que les guides de chaque peloton observent la même direction.

Le 2ᵉ adjudant-major marche du côté des guides, à 2 pas du flanc de la colonne, et à hauteur des serre-files du 4ᵉ peloton du 6ᵉ escadron; et si la gauche est en tête, il exécute du côté des guides ce qui est prescrit au 1ᵉʳ adjudant-major lorsque la droite est en tête.

Le 1ᵉʳ adjudant, ayant derrière lui le guide-général de droite , marche du côté opposé aux guides, à 2 pas du flanc de la colonne et à hauteur du 1er rang du 1er peloton.

Le 2e adjudant, ayant derrière lui le guide général de gauche , marche du côté opposé aux guides , à 2 pas du flanc de la colonne et à hauteur du 1er rang du dernier peloton.

Le 3e adjudant marche à la tête des trompettes.

Les capitaines-commandants marchent du côté des guides , à 4 pas du flanc de la colonne , et habituellement à hauteur du centre de leur escadron.

Les capitaines en second marchent du côté opposé aux guides, à 4 pas du flanc de la colonne , et à hauteur du centre.

Les lieutenants et sous-lieutenants marchent au centre de leurs pelotons, à un pas du 1er rang ; ceux qui commandent les pelotons tenant la tête des escadrons, conservent, indépendamment de leur distance , le terrain nécessaire pour que chaque escadron, en se remettant en bataille , retrouve son intervalle.

Les sous-officiers serre-files marchent du côté opposé aux guides , derrière la 3e file de leur peloton.

Lorsque la colonne marche la droite en tête , le guide particulier de droite de chaque escadron marche à la droite du 1er peloton ; et le guide particulier de gauche se place en serre-file derrière la 2e file de gauche du 4e peloton.

La place de ces sous-officiers est inverse lorsque la colonne a la gauche en tête.

L'escadron étant de 64 files, lorsqu'on rompt par sections, le lieutenant en 1er de chaque escadron marche en tête de la 1re section du 1er peloton; les chefs des autres pelotons restent du côté des guides, à un pas et à hauteur du 1er rang de la 1re section.

Les serre-files qui commandent les 2es sections marchent du côté opposé aux guides, à un pas et à hauteur du 1er rang.

La place des commandants de section est inverse lorsque la gauche est en tête.

Ordre en colonne par divisions.

Le colonel, le lieutenant-colonel, les chefs-d'escadrons, le major, les adjudants-majors et les adjudants, sont placés comme dans l'ordre en colonne par pelotons.

Il en est de même pour les capitaines-commandants et les capitaines en second.

Le lieutenant en 1er commande la 1re division, le lieutenant en second la 2e; ils restent néanmoins au centre de leurs pelotons.

Tous les autres officiers et sous-officiers de chaque division sont placés comme il est prescrit dans l'ordre en colonne par pelotons, les serre-files restant à leur place, quel que soit le côté du guide.

Ordre en colonne serrée.

Dans cet ordre, la distance d'un escadron à un autre, qui est de 12 pas (12 mètres), est mesurée de la croupe des chevaux du 2ᵉ rang d'un 1ᵉʳ escadron à la tête des chevaux du 1ᵉʳ rang d'un 2ᵉ escadron.

Le colonel, le lieutenant-colonel, les chefs-d'escadrons, le major et les adjudants, sont placés comme dans l'ordre en colonne par pelotons.

Le 1ᵉʳ adjudant-major marche derrière le guide de gauche du 1ᵉʳ escadron, sur l'alignement des serre-files, afin de surveiller la direction de la marche.

Le 2ᵉ adjudant-major reste placé comme dans l'ordre en colonne par pelotons; et lorsque la gauche est en tête, il se conforme à ce qui est prescrit au 1ᵉʳ adjudant-major lorsque la droite est en tête.

Les adjudants marchent du côté opposé aux guides, comme dans l'ordre en colonne par pelotons.

Le guide particulier de l'aile gauche du 1ᵉʳ escadron se porte en avant sur l'alignement des officiers; il est aussitôt remplacé par le sous-officier serre-file du 4ᵉ peloton. Si la gauche est en tête, le guide particulier de droite du 6ᵉ escadron se porte sur l'alignement des officiers pour servir de guide; il est remplacé par le sous-officier serre-file du 1ᵉʳ peloton.

Tous les officiers des escadrons et les serre-files restent placés comme il est prescrit dans l'ordre en bataille, excepté les capitaines-commandants, qui marchent du côté des guides à 4 pas du flanc et à hauteur des officiers de leurs escadrons.

Ordre en colonne pour défiler.

Le colonel se place à la tête de la colonne ; le lieutenant-colonel marche à sa gauche, ayant la tête de son cheval à hauteur de la hanche de celui du colonel.

Le major se place à la gauche du lieutenant-colonel et sur son alignement. Le capitaine instructeur en chef, le trésorier, l'officier d'habillement et le lieutenant aide-major sont placés sur un rang à 4 pas derrière lui.

Le brigadier-trompette rejoint les trompettes.

Le 1er chef-d'escadrons marche à la tête du 1er escadron, à 4 pas en avant du capitaine-commandant, et à 4 pas en arrière des officiers de l'état-major.

Le 2e chef-d'escadrons se place de même à la tête du 4e escadron.

Les adjudants-majors marchent aux places qui leur sont assignées dans l'ordre en colonne, mais du côté de la personne à qui on rend les honneurs.

Les adjudants, suivis de guides-généraux, marchent du côté opposé. Le 3e adjudant marche à la tête des trompettes.

Les capitaines-commandants marchent à la tête de leur 1er peloton, ayant à leur gauche le chef de ce peloton. Les capitaines en second sont placés à la tête du 3e peloton de l'escadron, ayant à leur gauche le chef de ce peloton. Les serre-files marchent du côté opposé à la personne devant laquelle on défile.

Le chirurgien-major, les aides-chirurgiens et le vétérinaire en 1er marchent à la gauche du régiment, à un pas des serre-files du dernier peloton; le vétérinaire en 2e marche à un pas derrière eux.

Les sous-officiers et cavaliers conservent la tête directe en défilant.

Les officiers supérieurs et officiers fixent les yeux sur la personne à qui on rend les honneurs, en passant devant elle.

Les trompettes sonnent *la marche*.

Le colonel veille à ce que l'étendard et les officiers rendent les honneurs conformément aux ordonnances.

Les officiers qui dans l'ordre ci-dessus détaillé marchent à la gauche du colonel, du capitaine-instructeur et des capitaines-commandants, se rangent à leur droite, si la personne à qui on rend les honneurs se trouve à gauche de la colonne.

Si l'on défile par divisions, les capitaines-commandants marchent en avant du centre de la 1re division et sur l'alignement des chefs de peloton. Les capitaines en second marchent en avant du centre de la 2e division, et sur l'alignement des chefs de peloton.

Si l'on défile par escadrons, les capitaines-commandants, les capitaines en second, les officiers et les sous-officiers restent placés comme dans l'ordre en bataille. Le 2e chef-d'escadron marche à un pas en avant et à droite du capitaine-commandant du 4e escadron.

Le guide doit être indiqué, s'il n'y est déjà, du côté de la personne devant laquelle on défile, à 50 pas avant d'arriver à sa hauteur.

Dans tous les ordres en colonne, lorsque le colonel marche en tête, les trompettes marchent à 10 pas en avant de lui.

Dans les évolutions, ils se placent du côté opposé aux guides, à 25 pas du flanc, et à hauteur du centre de la colonne.

ARTICLE III.

DU NOMBRE, DU CHOIX ET DU DEVOIR DES INSTRUCTEURS.

Le colonel est responsable de l'instruction du régiment, et ne peut, sous aucun prétexte, apporter de changements aux dispositions contenues dans la présente ordonnance.

Il assiste, autant que ses autres devoirs le lui permettent, aux instructions théoriques et pratiques, et particulièrement à celle des officiers réunis.

Le lieutenant-colonel est spécialement chargé

de surveiller l'instruction du régiment, et c'est à lui que sont adressés les ordres du colonel qui y sont relatifs.

Les chefs-d'escadrons surveillent, sous les ordres du lieutenant-colonel, l'un l'instruction à pied, l'autre l'instruction à cheval.

Le capitaine-instructeur en chef est chargé de l'instruction à pied et à cheval, jusqu'à l'*École de peloton* inclusivement. Il est chargé, en outre, d'exercer l'escadron d'instruction. Il a sous ses ordres des officiers et des sous-officiers en nombre suffisant.

Tous les hommes ne réunissant pas au même degré l'intelligence et la patience nécessaire pour en instruire d'autres, il est essentiel de bien choisir les officiers, sous-officiers et brigadiers destinés aux fonctions d'instructeur.

On a soin de prendre le même nombre d'instructeurs dans chaque escadron.

Un des officiers employés sous l'instructeur en chef (autant que possible du grade de capitaine en second, et toujours choisi parmi ceux sortant de l'École de cavalerie) est désigné pour le remplacer en cas de maladie ou d'absence.

On désigne aussi par escadron plusieurs brigadiers pour aider les sous-officiers instructeurs, et les suppléer au besoin.

Chaque année, avant l'époque où commence le travail d'hiver, l'instructeur en chef soumet aux chefs-d'escadrons, chacun en ce qui le concerne, et remet ensuite au lieutenant-colonel, qui le présente à l'approbation du colonel, le contrôle des officiers, sous-officiers et brigadiers reconnus capables de concourir à l'instruction tant à pied qu'à cheval.

A la même époque, le lieutenant-colonel, assisté des chefs-d'escadrons, de l'instructeur en chef et du capitaine-commandant, examine successivement les sous-officiers, brigadiers et cavaliers de chaque escadron, et détermine à quelle classe ils doivent appartenir.

Il arrête aussi la compositon du peloton-modèle, auquel on peut admettre jusqu'à dix hommes de tout grade par escadron.

Le régiment est alors divisé, pour l'instruction, en trois classes, tant à pied qu'à cheval.

La 1re classe est composée des sous-officiers, brigadiers et cavaliers les plus intruits ;

La 2e classe, de ceux qui le sont moins ;

La 3e classe se compose des recrues.

Les officiers, sous-officiers et brigadiers désignés pour être employés à l'instruction, sont aux ordres de l'instructeur en chef, qui les attache aux détails pour lesquels il les croit le plus capables, sans pouvoir toutefois les exempter de leur service. Lorsqu'il n'en est pas content, il en rend compte aux chefs-d'escadrons en ce qui les concerne, et ceux-ci en font leur rapport au lieutenant-colonel, qui prend les ordres du colonel pour les faire remplacer.

Après que les classes d'instruction ont été assemblées et inspectées par les brigadiers, sous-officiers et officiers de semaine, l'un des instructeurs en prend le commandement et en devient dès lors responsable envers l'instructeur en chef.

Les instructeurs conduisent les classes sur le terrain d'exercice, et les ramènent en ordre au quartier.

Quand les lieutenants et sous-lieutenants réunis travaillent à pied ou à cheval, ils sont habiluellement commandés par l'instructeur en chef. Le colonel ou le lieutenant-colonel, et, en leur absence, un chef-d'escadrons, préside à ce travail.

L'instructeur en chef dirige spécialement le travail des instructeurs réunis, et celui du peloton-modèle. Il est chargé de *la théorie* des lieutenants et sous-lieutenants et particulièrement de celle des instructeurs. Il surveille *la théorie* des sous-officiers et brigadiers.

L'instructeur en chef a l'état général des classes.

Les officiers et sous-officiers instructeurs ont aussi l'état nominatif des classes auxquelles ils sont attachés.

Au premier de chaque mois, le tableau général des classes à pied et à cheval est remis par l'instructeur en chef aux chefs-d'escadrons, en ce qui les concerne ; ceux-ci le remettent au lieutenant-colonel, qui le présente au colonel, en lui rendant compte des mutations survenues.

Les officiers, sous-officiers et brigadiers employés à l'instruction, ne peuvent passer d'une classe à une autre, soit à pied, soit à cheval, qu'après avoir été examinés sur le terrain par l'instructeur en chef, en présence du lieutenant-colonel et du chef-d'escadrons.

L'instruction individuelle étant la base de l'instruction des escadrons, de laquelle dépend celle d'un régiment, et les premiers principes exerçant la plus grande influence sur cette instruction individuelle, on doit surtout surveiller avec un soin particulier les classes de recrues, et y attacher, autant que possible, dès les premières leçons, soit à pied, soit à cheval, les officiers et sous-officiers les plus capables.

Les instructeurs se placent habituellement à une distance telle, qu'ils puissent d'un coup d'œil embrasser l'ensemble de leur troupe et s'en faire bien entendre. Ils se déplacent le moins possible, et seulement pour les rectifications indispensables dans la position des cavaliers et l'exécution des mouvements.

Ils rappellent en peu de paroles, claires et précises, les explications qui n'ont pas été bien comprises ; et, afin de ne pas surcharger la mémoire des cavaliers, ils se servent toujours des mêmes termes pour démontrer les mêmes principes.

Ils doivent joindre souvent l'exemple au précepte, soutenir l'attention par un ton animé, et faire passer à un autre mouvement, dès que celui qu'ils commandent a été exécuté d'une manière satisfaisante. Enfin ils doivent se montrer de jour en jour plus exigeants sous le rapport de la précision et de l'ensemble.

Pendant les repos, les instructeurs questionnent les cavaliers, pour s'assurer que leurs leçons ont été bien comprises. Dans *les théories*, on exige que les commandements et les explications soient faites comme si l'on était sur le terrain.

ARTICLE IV.

DIVISION, ORDRE ET PROGRESSION DU TRAVAIL.

L'INSTRUCTION ne pouvant être solidement établie qu'en joignant la théorie à la pratique, il y a dans le régiment une instruction théorique, indépendamment des exercices sur le terrain.

Depuis le 1er novembre jusqu'au 1er mai, le lieutenant-colonel réunit les capitaines, au moins deux fois par semaine, pour *la théorie* sur les différentes parties de leur instruction. Les chefs-d'escadrons y assistent, et l'un d'eux le supplée au besoin.

L'instructeur en chef réunit, pour le même objet, les lieutenants et sous-lieutenants; et l'un des officiers instructeurs réunit également les sous-officiers et brigadiers.

La théorie des instructeurs a lieu séparément, deux fois par semaine.

Du 1er mai au 1er novembre, ces différentes *théories* ont lieu pour les uns et pour les autres une fois par semaine, et plus souvent s'il est nécessaire.

L'instruction pratique se divise en *instruction à pied* et *instruction à cheval;* en *travail d'hiver* et *travail d'été.*

L'instruction à pied, de même que *l'instruction à cheval,* comprend l'*Ecole du cavalier*, l'*Ecole du peloton* et l'*Ecole de l'escadron.*

L'*Ecole du cavalier* est divisée en quatre leçons, et chaque leçon en deux parties.

L'*Ecole du peloton* est divisée en quatre articles.

L'*Ecole de l'escadron* est divisée en quatre articles.

TRAVAIL D'HIVER.

Depuis le 1er novembre jusqu'au 1er mai, le régiment est réparti en trois classes :

La 1re classe est composée des sous-officiers, brigadiers et cavaliers les plus instruits ;

La 2e classe est composée de ceux qui le sont moins,

La 3e classe est composée des recrues.

Travail à pied.

La 1re classe travaille une fois par semaine; elle est exercée à l'*Ecole du peloton*.

La 2e classe travaille deux fois par semaine; elle est exercée à l'*Ecole du peloton*.

La 3e classe travaille cinq fois par semaine; elle est exercée à l'*Ecole du cavalier*, et successivement à l'*Ecole du peloton*.

Les sous-officiers, brigadiers et cavaliers rentrant de semestre, sont remis à la 2e classe avant de passer à la 1re. Il en est de même de ceux qui ont été malades ou en congé pendant plus d'un mois.

Travail à cheval.

La 1re classe ne travaille point pendant novembre, décembre et janvier. Elle fait toutes les semaines une marche militaire avec armes et bagages.

Depuis le 1er février jusqu'au 1er mai, elle travaille trois fois par semaine, passant successivement à la 3e et à la 4e leçon, et à l'*Ecole du peloton*.

Pendant tout le temps que cette classe ne travaille pas à cheval, on apprend aux cavaliers à monter et à démonter toutes les parties de l'armement et de l'équipement, à bien connaître la dénomination de chacune; à seller, charger et brider; on les instruit du devoir des vedettes, et de la manière dont ils doivent se conduire en patrouille et en tirailleurs.

La 2e classe travaille trois fois par semaine, du 1er novembre jusqu'au 1er mai ; elle passe progressivement aux 3e et 4e leçons et à l'*Ecole du peloton*. On lui donne également les instructions de détail prescrites ci-dessus pour la 1re classe.

La 3e classe travaille cinq fois par semaine.

Depuis le 1er novembre jusqu'au 1er février, les lieutenants et sous-lieutenants montent ensemble au manége deux fois par semaine, sur leurs chevaux. Ceux qui ont besoin de se fortifier dans l'instruction sont attachés aux différentes classes ; ils n'en sont pas moins astreints à travailler avec les autres officiers, les jours où ils se réunissent.

Aussitôt que le travail de la 1re classe commence, tous les officiers montent à cheval avec les escadrons.

Les instructeurs et le peloton-modèle sont réunis une fois par semaine.

La durée de chaque leçon est d'une heure et demie de travail, non compris les repos.

Les cavaliers sont exercés dans le manége lorsqu'il fait mauvais temps. Toutes les fois que le temps le permet, on les conduit dans la carrière.

Les chevaux des maréchaux-des-logis-chefs, des fourriers et des trompettes, ne peuvent, sous aucun prétexte, être dispensés de participer aux différentes classes d'instruction.

Les chevaux désignés pour la réforme de l'année sont affectés aux premières leçons des recrues.

Les chevaux qui n'ont pas travaillé aux différentes classes, sont promenés en bridon au moins trois fois par semaine, et, autant que possible, ils sont tous sellés et montés.

Les chevaux de remonte qui n'ont que quatre ans, sont promenés en couverte et en bridon; ceux de cinq ans travaillent trois fois par semaine, et sont montés par des instructeurs ou par des sous-officiers, brigadiers et cavaliers choisis à cet effet.

TRAVAIL D'ÉTÉ.

Travail à pied.

Au 1er mai, les 1re et 2e classes passent à l'*Ecole d'escadron à pied*; on les exerce deux fois par semaine, jusqu'au 15 juillet.

Du 15 juillet au 1er novembre, on exerce ces deux classes réunies, une fois par semaine.

La 3e classe continue son travail trois fois par semaine.

Travail à cheval.

Au 1er mai, les 1re et 2e classes passent à l'*Ecole de l'escadron*; elles travaillent trois fois par semaine. Les chevaux de remonte dressés pendant l'hiver entrent aux escadrons.

On forme à cette époque l'escadron d'instruction. Il se compose de pelotons pris successivement dans les six escadrons, de manière que chaque peloton y passe à son tour. Cet escadron est exercé par l'instructeur en chef; un capitaine en second y est placé en serre file.

Les escadrons sont exercés progressivement, depuis cette époque jusqu'au 15 juillet, à tous les détails compris dans les quatre articles de l'*École de l'escadron*.

Chaque escadron travaille pendant deux heures; non compris le temps nécessaire pour se rendre sur le terrain et revenir au quartier. Pendant les quinze premiers jours de juillet le travail dure une demi-heure de plus.

Le colonel fait commander les escadrons, divisions et pelotons, par tous les officiers tour à tour, afin de s'assurer de leur instruction, et d'instruire ceux qui ne seraient pas suffisamment instruits.

La 3e classe continue son travail cinq fois par semaine. A dater du 15 juillet, on réunit les escadrons trois fois par semaine, pour les exercer à tout ce qui est compris dans le titre des *Évolutions de régiment*. Ce travail est continué jusqu'au 15 septembre.

Depuis cette époque jusqu'à la fin d'octobre, le régiment est exercé alternativement aux évolutions et aux détails du service de guerre. A cet effet, le colonel, toutes les fois qu'il en a la possibilité, conduit le régiment dans la campagne, afin de l'habituer à parcourir toute espèce de terrain, et à faire l'application des évolutions aux différentes localités

Les chévaux qui n'ont pas cinq ans sont promenés, sellés et en bridon, tous les jours pendant deux heures.

On réunit une fois par sémaine les instructeurs et le peloton-modèle.

Les sous-officiers, brigadiers et cavaliers qui se négligent dans les différents exercices, tant à pied qu'à cheval, sont remis aux classes inférieures.

Quand le régiment est réuni, le colonel doit, de temps à autre, faire commander les différentes reprises des évolutions par les officiers supérieurs, afin de juger du degré de leur instruction ; il doit aussi, lorsque l'instruction est assez avancée, faire exercer par les officiers des divers grades un commandement supérieur à celui de leur emp'oi.

ARTICLE V.

GRADATION DE L'INSTRUCTION.

Recrues.

L'INSTRUCTION de l'homme de recrue commence par le travail à pied. La première semaine de son arrivée au régiment est employée exclusivement à l'instruire de tous les détails de discipline, de police et de service intérieur, ainsi que de ceux relatifs à la tenue du cavalier et au pansage du cheval.

On lui apprend à sauter à cheval, à gauche et à droite.

On lui fait connaître les principales parties de l'armement et de l'équipement, ainsi que les moyens de les tenir propres ; la manière de frouler le manteau, de plier les effets et de les placer dans le porte-manteau.

Ces diverses instructions sont données par le brigadier de chambrée, sous la surveillance du sous-officier et de l'officier de peloton.

Les hommes de recrue, après ces huit jours, sont mis à la 1re leçon à pied ; on continue à les instruire des détails ci-dessus mentionnés.

Ils sont exercés à pied, autant que possible, deux fois par jour, et chaque fois pendant une heure et demie. Une demi-heure de ce temps est employée à leur enseigner les devoirs des hommes de garde.

Les hommes de recrue doivent, après six semaines ou deux mois au plus, être en état de monter la garde au quartier, et par conséquent avoir commencé la 4e leçon à pied ; l'instructeur en chef en rend compte au chef d'escadrons, qui prend les ordres du lieutenant-colonel.

Huit jours avant que l'homme de recrue soit admis à faire son service, on lui fait connaître les parties d'un harnachement complet, les moyens de les entretenir, ainsi que la manière de paqueter, seller, charger, brider, débrider et desseller.

Aussitôt qu'il a monté sa première garde, on commence son instruction à cheval, ayant l'attention de lui donner un cheval sage et dressé.

54 BASES DE L'INSTRUCTION.

Aussitôt qu'il a monté sa première garde, on commence son instruction à cheval, ayant l'attention de lui donner un cheval sage et dressé.

Récapitulation du temps nécessaire pour instruire un cavalier, jusqu'à l'École du peloton à cheval inclusivement.

A PIED.

École du Cavalier.

1re leçon..	{ 1re partie,	4	leçons............. }	12 leçons.
	{ 2e —	8	.... }	
2e	{ 1re partie,	6	.... }	18
	{ 2e —	12	.... }	
3e	{ 1re partie,	5	.... }	10
	{ 2e —	5	.... }	
4e	{ 1re partie,	15	.... }	30 .
	{ 2e —	15	.... }	

TOTAL..... 70 leçons.

École du Peloton.

NOTA. L'*École du peloton à pied* devant-marcher conjointement avec *celle du cavalier à cheval*, et précéder l'*École du peloton à cheval*, on y emploie le nombre de leçons qu'on juge nécessaires.

A CHEVAL.

École du Cavalier.

1re leçon..	{ 1re partie,	5	leçons............. }	20 leçons.
	{ 2e —	15	.... }	
2e	{ 1re partie,	20	.... }	40
	{ 2e —	20	.... }	
3e	{ 1re partie,	15	.... }	30
	{ 2e —	15	.... }	
4e	{ 1re partie,	15	.... }	30
	{ 2e —	15	.... }	

TOTAL.... 120 leçons.

École du Peloton.

1er article... 15 leçons.
2e 15
3e 15
4e 15
                                    TOTAL.... 60 leçons.

Il résulte de cette gradation que le cavalier, après 180 leçons ou journées de travail à cheval, doit être en état de passer à l'*École de l'escadron.*

Brigadiers.

Les brigadiers doivent savoir exécuter toutes les leçons à pied et à cheval, être en état d'enseigner au moins les deux premières leçons à pied et la première leçon à cheval.

Leur instruction théorique doit comprendre, outre ces leçons, tous les détails relatifs aux diverses fonctions de leur grade, dans le service intérieur, celui de place et celui de campagne.

Le colonel choisit, dans chaque escadron, un certain nombre de cavaliers qui peuvent être admis à la *théorie* des brigadiers.

Sous-officiers.

Les sous-officiers doivent savoir exécuter, à pied et à cheval, tout ce qui est prescrit par la présente ordonnance, et pouvoir enseigner les leçons de l'*École du cavalier.* Ils doivent également connaître tous les détails du service, afin d'être en état de conduire leur troupe et de remplacer au besoin les chefs de peloton.

La théorie des sous officiers doit embrasser les *Bases de l'instruction*, *l'École du cavalier*, *l'École du peloton* et *l'École de l'escadron*; de plus, les réglements sur le service intérieur, de place et de campagne, en ce qui concerne leur grade.

Le colonel choisit, dans chaque escadron, ceux des brigadiers qu'il juge susceptibles d'être admis à la *théorie* des sous-officiers.

Officiers.

Les officiers, depuis le colonel jusqu'au sous-lieutenant, doivent être en état de commander, chacun en ce qui concerne son grade. Nul n'est réputé complètement instruit, s'il ne sait en outre expliquer et exécuter tout ce qui est contenu dans la présente ordonnance.

La *théorie* des officiers doit comprendre les cinq titres de cette ordonnance, et tous les réglements qui déterminent leurs devoirs dans leurs diverses positions, soit en paix, soit en guerre.

Tout officier arrivant au régiment pour la première fois, doit être examiné par le lieutenant-colonel sur son instruction théorique et pratique.

Si les fautes commises aux exercices par un officier, quel que soit son grade, proviennent de négligence ou du défaut d'instruction, le commandant du régiment le fait immédiatement remplacer et passer en serre-file ; il peut même lui interdire les fonctions de son grade aux évolutions, jusqu'à ce qu'il soit en état de les mieux remplir.

Le colonel peut, s'il le juge à propos, dispenser de la *théorie*, une fois sur deux, les officiers dont l'instruction est complète.

ARTICLE VI.

INSTRUCTION POUR SAUTER A CHEVAL, POUR PAQUETER, SELLER ET DESSELLER.

Manière de sauter à cheval à poil, et de sauter à terre.

Pour sauter à cheval, saisir les crins avec la main gauche ; contenir les rênes du bridon avec la main droite et la placer sur le garrot, le pouce à gauche, les autres doigts à droite ; s'enlever légèrement sur les deux poignets, le corps droit ; passer la jambe droite tendue par-dessus la croupe du cheval, sans le toucher, et se placer doucement à cheval.

Pour sauter à terre, passer la rêne gauche du bridon dans la main droite ; placer cette main sur le garrot, saisir les crins de la main gauche ; s'enlever sur les deux poignets ; passer la jambe droite tendue par-dessus la croupe du cheval, sans le toucher ; rapporter la cuisse droite près de la gauche, le corps droit, et arriver légèrement à terre sur la pointe des pieds, en ployant un peu les genoux.

Manière d'ajuster un arçon et une selle.

Chaque régiment est pourvu de six arçons de pointure ; lorsqu'il s'agit d'ajuster une selle à un cheval, on recherche, au moyen de ces six arçons, quel est le numéro le mieux en rapport avec la structure du cheval, et on prend ensuite, dans le magasin du corps, une selle correspondant à ce numéro.

Les chefs de corps ne sauraient exiger trop de soin dans l'essai des pointures, car la conservation des chevaux, en route et en campagne, dépend en grande partie de cette première opération.

Le capitaine instructeur dirige l'ajustement des arçons ; les maître et brigadier selliers sont à sa disposition.

Six cavaliers intelligents sont commandés pour tenir les arçons de pointure ; ils ne doivent pas les déposer à terre et les présentent à l'appel des numéros.

L'essai des arçons ne doit jamais être fait aux écuries, les chevaux étant attachés aux mangeoires ou aux anneaux de pansage.

Chaque cheval est conduit sur un terrain uni par

un cavalier qui le place d'aplomb et la tête haute, en évitant qu'il ne se campe.

Un sous-officier, désigné à l'avance, se tient à la droite du cheval pour l'empêcher de tourner ou de se traverser.

Le maître sellier présente l'arçon du côté gauche, le pose légèrement sur le cheval; il essaie successivement les diverses pointures, afin de juger, par comparaison, celle qui est le mieux en rapport avec la structure du corps.

L'arçon doit être placé de manière que la partie *la plus saillante* de la mamelle, soit à 4 ou 5 centimètres de l'épaule, au niveau de laquelle doit à peu près arriver le bord antérieur et inférieur de l'arcade. Cette position essentielle de l'arçon sert de point de départ, pour vérifier la manière dont il s'adapte au cheval.

L'arçon doit mettre, autant que possible, le centre de gravité de l'homme en rapport avec celui du cheval; il faut qu'il soit horizontal et ne plonge pas en avant: la liberté de garrot et celle des rognons doivent être assez élevées au-dessus des parties qu'elles protègent.

Les bandes porteront à peu près également dans toute leur étendue, leur prolongement ne devra jamais se relever; il suffit qu'il y ait assez de jeu à tout le pourtour des lames pour qu'on puisse y passer le doigt facilement.

RÈGLE GÉNÉRALE : Les numéros 1 et 2 conviennent aux chevaux à *garrot* et *poitrine étroite ;* les numéros 3 et 4 aux chevaux *bien conformés* et *bien étoffés ;* quant aux numéros 5 et 6, qui ne s'appliquent qu'aux chevaux *ensellés ou très ensellés ;* il est rare qu'on y ait recours lorsqu'on opère sur des remontes.

Lorsque le cheval fait des difficultés, voûte son dos et ses reins, on doit lui faire faire quelques pas en avant, l'arrêter d'aplomb sur ses quatre membres et recommencer l'opération en y mettant toujours douceur et patience.

Si les défenses continuent, on fixe l'arçon à l'aide d'un surfaix, puis on laisse ainsi le cheval jusqu'à ce qu'il soit tout à fait calme ; alors seulement on examine si la pointure convient.

Quand le choix de l'arçon est définitivement arrêté, le capitaine-instructeur en prend note, et inscrit en regard du numéro matricule du cheval, le numéro de la pointure qui lui est propre.

Les poitrails, les croupières et les sangles sont toujours faits sur trois tailles. Le poitrail doit être placé au dessus de la pointe des épaules, de manière à n'en pas gêner le mouvement ; les passes doivent être très serrées pour empêcher les côtés du poitrail de descendre.

La croupière ne doit pas être tendue, pour ne pas blesser le cheval sous la queue ou le faire ruer.

Pour monter les étriers, il faut d'abord engager

l'étrivière dans l'œil de l'étrier, la redoubler dans le passant coulant et l'introduire ensuite par dessous le sommier du porte-étrivière ; la replier en l'engageant dans la boucle, la fixer à la longueur convenable et faire passer enfin l'excédant de longueur dans la partie inférieure de la boucle qui tient lieu de passant fixe.

L'étrier ainsi ajusté et pendant naturellement, la boucle de l'étrivière doit se trouver en dehors et près du sommier du porte-étrivière, tandis que le passant coulant reste près de l'œil de l'étrier.

Manière de paqueter les effets.

Le pantalon d'ordonnance, plié sur lui-même de la longueur du porte-manteau, doit être placé bien étendu dans le fond.

Les deux chemises dépliées, étendues en long sur le pantalon.

Le second col étendu en long sur les chemises.

Le livret sur le col.

Les calottes de coton, les mouchoirs, les gants et les chaussettes, répartis également dans les bouts.

Le plumet dans son étui, sous la patte du porte-manteau.

La veste d'écurie et le pantalon de treillis, dans la besace.

Le bonnet de police sous la patte du porte-manteau, la calotte dans la besace.

Les bottines ont leurs tiges repliées sur l'empeigne et accolées l'une à l'autre, les semelles en dehors, les deux talons en haut, les éperons recouverts du cache-éperons ; les bottines sont serrées au moyen de la courroie du cache-éperons, qui les embrasse au-dessous des talons.

Les effets de pansage, entourrés de l'époussette, sont disposés de manière que la brosse soit debout au fond de la musette ; vers le tiers supérieur de la brosse, on implante, dans les crins, l'étrille dont la courbure du manche doit suivre la courbure du cou du siége.

La trousse et les effets de propreté, sont disposés en long dans leur musette, et roulés de manière à offrir le moins de volume possible en largeur.

Manière de rouler le manteau.

Le manteau étant déployé dans son entier, les pans déboutonnés, les manches sont mises sur leur plat et étendues parallèlement aux devants ; on mesure alors près du collet une longueur de 1 mètre 90 centimètres dans la cavalerie de réserve et les dragons ; cette mesure est représentée par une longueur de sabre dans le fourreau, poignée comprise, plus la longueur du bas du fourreau, à partir du 2° bracelet ; et dans les lanciers et la cavalerie légère par deux longueurs de fourreau.

Cette longueur étant également répartie de chacun des côtés du manteau, on replie de dessus en dessous, l'excédant de chacune des manches. Le grand collet est ensuite rabattu par dessus les manches, de manière que les devants couvrent exactement ceux du manteau, et que les deux plis que forme l'ampleur du grand collet, se trouvent dans la direction des fentes de poches.

L'extrémité inférieure du manteau est relevée jusqu'à et y compris la jonction des pans ; les parties antérieures de ces pans sont également relevées l'une vers l'autre, de sorte qu'elles touchent le pli des manches.

On renverse ensuite l'extrémité inférieure du manteau d'environ 12 centimètres pour former le portefeuille ; alors on roule le manteau aussi serré que possible et de manière à pouvoir être porté en bandoulière. On roule le manteau en commençant par le côté du collet, et en appuyant le genou au fur et à mesure sur la partie roulée pour la contenir. Cette partie roulée est introduite dans l'espèce de portefeuille formé par la partie renversée.

Serrer le milieu du manteau avec la courroie de buffle.

Manière de seller.

S'approcher par le côté montoir et placer sur le dos du cheval la couverte pliée en huit, les liserés à gauche, les plis sur le garrot.

La prendre ensuite de la main gauche sur le garrot, et de la main droite sur le rognon, la glisser une ou deux fois d'avant en arrière pour unir le poil, en la soulevant pour la reporter en avant sans rebrousser le poil.

La couverte doit être placée de manière à dépasser d'un ou deux doigts en arrière l'extrémité des lames.

Prendre ensuite la selle de la main gauche à l'arcade de devant, la main droite se plaçant sous le troussequin; poser doucement la selle sur le dos du cheval, en l'amenant par le côté de la croupe pour ne pas l'effrayer, et la placer un peu en arrière afin de pouvoir engager la croupière sans tirer la selle à soi.

Abattre la sangle et la croupière ; se placer derrière le cheval, saisir de la main gauche la queue et entortiller les crins autour du tronçon avec la main droite, qui saisit ensuite le culeron et l'engage sous la queue, dont on a soin de bien dégager tous les crins, afin qu'ils ne blessent pas le cheval.

Passer du côté hors montoir et saisissant la selle de la main gauche au troussequin ou à la pallette, et de la main droite au collet, la soulever et la porter en avant sans déranger la couverte, regarder en même temps s'il n'y a pas de cuirs pris sous la selle et les ôter s'il y en a ; mettre la sangle sur son plat, abattre l'étrier droit, revenir du côté montoir, passer la main gauche entre le garrot et la couverte, la soulever un peu, de manière qu'elle ne comprime pas le garrot, boucler la sangle et le poitrail et abattre l'étrier gauche.

Pour que le cheval soit bien sellé, il faut que la partie *la plus saillante* de la mamelle, se trouve environ à 4 ou 5 centimètres de l'épaule, au niveau de laquelle doit à peu près arriver le bord antérieur et inférieur de l'arcade, que la selle soit horizontale, que la liberté de garrot et de rognons soit respectée et que les bandes portent bien à plat.

Manière de charger les effets.

Cuirassiers.

La schabraque étant sur la selle, la partie de devant relevée sur le siége, les courroies de charge, de paquetage et le contre-sanglon de cartouchière engagées dans leurs œillets; mettre les bottines garnies de leurs cache-éperons, dans la sacoche gauche, les éperons en haut, l'une des semelles adossée à la fonte, fermer la sacoche, placer la hache dans son conducteur, mettre les deux musettes dans la sacoche droite et la fermer.

Dragons, Chasseurs et Hussards.

La schabraque étant sur la selle, la partie de devant relevée sur le siége, les courroies de charge, de paquetage et de dragonne engagées dans leurs œillets; mettre les bottines garnies de leurs cache-éperons dans la sacoche gauche, les éperons en haut, l'une des semelles adossée à la fonte, fermer la sacoche, placer la hache dans son conducteur, mettre les deux musettes dans la sacoche droite et la fermer.

Lanciers.

La schabraque étant sur la selle, la partie de devant relevée sur le siége, les courroies de charge et de paquetage engagées dans leurs œillets; mettre les effets de la musette de propreté dans la sacoche gauche, la musette par dessus et fermer cette sacoche.

Placer la hache dans son conducteur, mettre dans la sacoche droite la musette de pansage, les bottines, les éperons en haut, l'une des semelles adossée à l'arcade, fermer la sacoche.

Fixer le milieu du manteau dans sa courroie, le serrer fortement pour l'aplatir autant que possible, étendre ensuite, sur le manteau, et en arrière, le sac à distribution plié dans sa longueur, sans l'engager dans la courroie du manteau du milieu ; relever les extrémités du manteau de dessus en dessous et un peu d'avant en arrière ; avec les courroies, fixer les bouts de manteau et du sac à distribution, de manière que les extrémités ne dépassent pas la schabraque, et s'écartent le moins possible du cheval.

Cuirassiers et Dragons.

Mettre le pistolet dans la fonte et engager la lanière dans l'anneau de calotte ; rabattre le devant de la schabraque, boucler les courroies de paquetage et boutonner la portière.

Lanciers.

Rabattre le devant de la schabraque, boucler les courroies de paquetage ; mettre le mousqueton dans sa fonte, boucler la portière.

Chasseurs et Hussards.

Mettre le pistolet dans la fonte et engager la lanière dans l'anneau de calotte ; rabattre le devant de la schabraque, engager le couvre-platine dans la courroie de paquetage de droite, les boucles contre la schabraque, la courroie d'attache en avant, boucler ensuite les courroies de paquetage, boutonner la portière.

Engager le contre-sanglon de surfaix dans le premier passant de la sangle, boucler le surfaix entre les deux passants de cette sangle, et engager l'excédant du contre-sanglon dans les deux passants fixes du surfaix.

Étendre sur la croupe les courroies de charge de droite et de gauche, placer la besace sur champ contre le troussequin, abattre par dessus la besace la courroie de charge du milieu, placer le porte-manteau, ses boucles du côté de la selle, le serrer fortement avec la courroie du milieu contre le troussequin ou la palette; serrer ensemble la besace et le porte-manteau avec les courroies de côté, les boucles, *non apparentes*, placées en arrière vers la réunion de la besace et du porte-manteau.

Attacher aux trousse-étriers sous la schabraque et du côté droit, la corde à fourrage roulée en boudin et arrondie en cercle.

Cuirassiers.

Boucler la cartouchière à son contre-sanglon et l'arrêter par son bouton.

Dragons.

Placer le fusil au porte-crosse, de manière qu'il ne dépasse pas la pointe de l'épaule; il est contenu à la selle par la courroie de dragonne qui fait deux fois le tour du canon, au-dessus de la capucine la boucle en dehors, la bretelle repliée et maintenue par la courroie.

Lorsque le dragon est à cheval, la partie supérieure du canon doit être à 6 centimètres au-dessus de l'aisselle.

Chasseurs et Hussards.

Lorsque le mousqueton est à la botte, il est placé de manière que l'extrémité soit éloignée de 11 à 14 centimètres de l'épaule du cheval, sans la dépasser, il est contenu à la selle par la courroie de dragonne qui fait deux fois le tour de la poignée. Dans aucun cas, le mousqueton ne doit être à la botte quand les chevaux vont rentrer à l'écurie ou en sortir.

Pour que les effets soient bien chargés, il faut que les trois courroies soient fortement serrées et montent droit à 8 centimètres l'une de l'autre, le porte-manteau et la besace placés d'aplomb et de manière que par derrière on ne puisse voir la besace.

Le porte-manteau et la besace ne doivent pencher d'aucun côté.

La charge de devant doit être disposée de manière à faire élever le moins possible la main de la bride.

Rien ne doit dépasser la schabraque.

Manière de brider.

Se placer du côté montoir, les rênes du filet et de la bride dans le pli du bras gauche, le dessus de tête sur l'avant-bras. Prendre la bride par le dessus de tête avec la main droite, les ongles en dessous; passer le bras par dessus l'encolure du cheval, de manière que la main soit en avant de la tête; saisir avec la main gauche, le mors du filet près de l'anneau et celui de la bride près du banquet, ayant l'attention que le mors du filet soit en dessus de celui de la bride; les présenter à la bouche du cheval et les y placer ensemble, en appuyant le pouce gauche sur la barre, pour lui faire ouvrir la bouche; passer les oreilles du cheval entre le frontal et le dessus de tête, en commençant par l'oreille droite; mettre au point voulu la sous-barbe du licol, accrocher la gourmette, boucler la sous-gorge par dessous le licol, agraffer le licol, dégager le toupet, passer les rênes du filet et de la bride par dessus le cou du cheval, attacher la longe le bout roulé et fixé à l'anneau de sacoche.

Pour que le cheval soit bien bridé, il faut que les montants de la bride soient en arrière des os des tempes, que leurs boucles soient à la même hauteur, que la boucle de sous-gorge soit au milieu de l'auge, que la sous-gorge ne soit pas serrée afin de ne pas gêner la respiration du cheval, que les montants du licol soient à peu près parallèles à ceux de la bride, que le dessus de nez et la sous-barbe ne soient pas trop serrés, et que le mors du filet ne soit pas engagé sous celui de la bride.

Manière de débrider.

Décrocher la gourmette, relâcher la sous-barbe, déboucler la sous-gorge, dégraffer le licol, détacher la longe et attacher le cheval au râtelier jusqu'à ce qu'il soit dessellé; déboucler le poitrail et dégager la croupière; avancer les rênes de la bride et du filet sur le dessus de tête, les passer par dessus les oreilles, les laisser tomber dans le pli du bras gauche, ôter la bride de la tête du cheval, en commençant par dégager l'oreille droite, faire deux tours au-dessous du frontal avec les rênes de la bride ; les passer entre le frontal et le dessus de tête, afin de pouvoir suspendre la bride.

NOTA. En route et en campagne, on peut suppléer au bridon d'abreuvoir en détachant les montants antérieurs de la bride et en allongeant les rênes du filet.

Manière de défaire la charge.

Déboucler les courroies de charge, en finissant par celle du milieu ; enlever le porte-manteau et la besace ; déboucler les courroies de paquetage.

CUIRASSIERS.	LANCIERS.
Oter la cartouchière.	Déboucher la portière.
DRAGONS.	CHASSEURS ET HUSSARDS.
Dégager le couvre-platine, ôter le fusil du porte-crosse.	Dégager le couvre-platine, ôter le mousqueton de la botte.

Relever sur le siége le devant de la schabraque, déboucler les courroies de manteau, en finissant par celle du milieu ; enlever le manteau, le sac, les musettes et les bottines.

CUIRASSIERS, DRAGONS, CHASSEURS ET HUSSARDS.	LANCIERS.
Détacher le pistolet de sa lanière et l'ôter de la fonte, retirer la hache de la sacoche.	Oter le mousqueton de la fonte ; retirer la hache de la sacoche.

Dégager la corde à fourrage ; déboucler le surfaix et l'enlever ainsi que la schabraque, ayant soin de dégager les courroies de paquetage (CUI-RASSIERS, *et le contre-sanglon de cartouchière*), sans déchirer les œillets; plier la schabraque en deux dans le sens de la couture, la doublure en dehors; mettre dessus tous les effets, les rouler dedans, et les contenir avec la corde à fourrage.

Le cavalier roule ensuite toutes les courroies et desselle.

Manière de desseller.

Déboucler le poitrail, s'il ne l'est pas, puis la sangle; relever l'étrier gauche, passer du côté hors montoir, relever l'étrier droit et la sangle, porter la selle un peu en arrière pour dégager la croupière, si elle ne l'est pas; enlever la selle avec les deux mains, la gauche la tenant à la palette ou au troussequin; la droite au collet; retirer la couverte, la plier en deux, le côté mouillé en dedans; la placer sur la selle et la contenir au moyen de la croupière qu'on relève, et dont on engage le cule-ron dans la courroie de manteau.

ARTICLE VII.

De l'Embouchure.

Le mors de la bride se divise en *embouchure, branches et gourmette.*

Les autres pièces sont accessoires et servent ou à assurer l'effet des premières, ou seulement à orner le mors. Ce sont les *fonceaux*, les *anneaux*, l's, le *crochet* et les *bossettes*.

L'embouchure se place dans la bouche du cheval et s'étend d'une branche à l'autre. Elle se divise en *canons, liberté de langue* et *talons*.

Les *canons* agissent sur les barres et assujétissent le cheval à l'obéissance par le secours de la gourmette.

La *liberté de langue* est une sorte d'arcade qui sert à loger la langue.

Les *talons* séparent la liberté de langue des canons.

Les *branches* servent à faire agir l'embouchure et la gourmette ; elles se réunissent aux canons par le *banquet*, la *broche du banquet*, l'*arc du banquet* et les *fonceaux*.

Le *banquet* est un évidement ou mortaise qui se trouve vers le millieu de la branche.

La *broche du banquet* suit la direction du prolongement antérieur des branches. L'*arc du banquet* consolide la branche et contourne le canon.

Les *fonceaux* forme la contre-rivure qui fixe l'embouchure aux branches.

Au dessus des fonceaux, s'élève le *haut de la branche* terminé par l'*œil*, anneau elliptique qui reçoit l's ou le crochet de gourmette en même temps que le porte-mors.

Au-dessous des fonceaux se trouve le *bas de la branche*.

A la partie moyenne et postérieure de la branche, est adapté un *œillet* destiné à recevoir, au besoin, *une fausse gourmette en cuir*, se bouclant à gauche. Au bas de la branche est un *tenon* arrondi, où se meut l'*anneau de porte-rêne* ; un peu au-dessous de ce tenon est rivé une *barrette* cintrée en contre-bas, qui réunit les deux branches et prévient leur écartement et leur gauchissement.

La gourmette se compose de *mailles* et de *maillons* en fer. Les mailles agissent sur la barbe du cheval ; les *maillons* servent à attacher la gourmette. Un seul maillon attache la gourmette à l's placée du côté droit. Deux autres, placés du côté gauche, permettent d'allonger ou de raccourcir la gourmette. L'un d'eux, habituellement le second, vient se fixer au crochet placé à gauche.

Au milieu de la gourmette, est un quatrième maillon pour le passage de la fausse gourmette en cuir.

Les *bossettes* sont en cuivre et se fixent au dessus des fonceaux par deux clous rivés, également en cuivre, qui traversent les oreilles de bossette.

Les bossettes sont timbrées en relief de l'attribut de l'arme et du numéro du régiment, savoir : ÉCOLE DE CAVALERIE, *une tête de Méduse* ; CARABINIERS, *une grenade*, le numéro sur la bombe ; CUIRASSIERS, *une cuirasse* surmontée du numéro, DRAGONS, la lettre D surmontée du numéro ; LANCIERS, *deux lances croisées*, le numéro dans l'angle inférieur; CHASSEURS, *un cor de chasse* le pavillon à droite, le numéro au centre, HUSSARDS la lettre H, surmontant le numéro.

Le mors du filet est formé de deux canons s'articulant à *double brisure*, ils se terminent par *deux anneaux*, qui reçoivent en même temps les montants et les rênes.

Le mors de bridon se compose de deux canons, articulés ensemble par une charnière nommée *pli* : les canons se terminent par deux anneaux à *oreilles* qui reçoivent en même temps les montants et les rênes.

Pour bien emboucher un cheval, il faut connaître :

1° Les effets du mors ;

2° Les parties de la bouche qui les ressentent.

3° L'ensemble de la conformation du cheval.

Les effets du mors dépendent de sa structure.

Il est appelé *doux* lorsque les branches sont courtes, les canons gros, la liberté de langue peu développée.

Dur lorsque les branches sont longues, les canons minces, la liberté de langue développée.

Ordinaire lorsque sa conformation tient le milieu entre celles des deux autres mors.

L'œil de la branche doit être assez éloigné des canons pour empêcher le mors de faire la bascule.

Les parties de la bouche qui reçoivent l'action

du mors sont les *barres*, les *lèvres*, la *langue* et la *barbe*. De leur différence de conformation et de sensibilité dépendent les effets du mors.

Les barres *minces* et *tranchantes* sont sensibles ; *rondes*, *charnues*, et *colleuses*, elles sont insensibles.

Le volume de la langue, celui des lèvres, et la saillie de l'os du menton, répondant à la barbe, modifient aussi l'action du mors. En principe général elle sera d'autant plus grande que les parties mises en rapport avec le mors offriront moins de points de contact à son appui.

Il suit de là :

1º Que la bouche sera fine, quand les barres, les lèvres et la langue seront minces et l'apophyse du menton saillante ; le mors doux se rapporte à cette disposition des parties de la bouche :

2º Qu'elle sera insensible, si les barres sont rondes et charnues, la langue volumineuse, les lèvres épaisses, l'apophyse du menton peu saillante ; le mors dur convient à cette disposition des parties de la bouche :

3º Que le mors ordinaire conviendra à une bouche bonne ou à toute main, qui présente les conditions moyennes des deux premières conformations.

Relativement à la position de la tête du cheval, s'il porte au vent, il faut lui donner un mors à branches *flasques* : on les appelle ainsi lorsqu'elles sont dirigées en arrière.

Si le cheval s'encapuchonne, on donnera au mors des branches *hardies* : c'est par ce terme qu'on indique leur direction en avant.

Pour que l'embouchure soit bien appropriée à la bouche, les canons doivent porter sur les barres à un travers de doigt des crochets de la mâchoire postérieure; le mors ne sera ni trop large ni trop étroit, de manière à s'appliquer exactement sur les diverses parties de la bouche sans les blesser, et afin que chacune d'elles reçoive un effet relatif à la sensibilité dont elle est douée. La gourmette servira de point d'appui au mors pour en modifier la bascule. Enfin toutes ces parties ayant le degré d'action relatif à l'effet général à obtenir, l'animal salivera facilement, ce qui s'exprime en disant qu'*il goûte son mors.*

Les jeunes chevaux ayant souvent la barbe très sensible, on peut placer un morceau de feutre ou de cuir entre la gourmette et la barbe, lorsqu'ils sont bridés pour les premières fois. Quand ils s'habituent aux effets du mors, on cesse d'employer ce moyen.

Le mors bien ajusté doit agir sur toutes les parties de la bouche suivant leur sensibilité. Le cheval le supporte alors avec facilité, ce qui se voit lorsqu'il le mâche et qu'il a la bouche fraîche.

Les chevaux se défendent du mors lorsqu'il leur cause de la douleur; les plus sensibles sont ordinairement les plus fougueux: dès que le mors les tourmente ils poussent en avant, afin d'éviter cette douleur qu'ils prennent pour un châtiment ; plus ils sont retenus par une main maladroite, plus la compression des barres est forte : elle augmente le mal au lieu d'y remédier, et donne au cheval une mauvaise bouche.

Tout cheval qui secoue la tête annonce l'incommodité que le mors lui fait éprouver. Il y a des chevaux qui persistent dans l'habitude de secouer la tête, quoiqu'on ait rectifié l'embouchure ; alors la main seul peut corriger ce vice et non la martingale, qu'on suppose faussement pouvoir y remédier.

On doit, en général, emboucher les chevaux avec des mors *doux* ; et comme il est impossible que dans un régiment chaque cheval ait une embouchure particulière, on a des mors de trois modèles : il y a un sixième de *mors doux*, quatre sixièmes de *mors ordinaires*, et un sixième de *mors durs*.

ARTICLE VIII.

MÉTHODE POUR DRESSER LES JEUNES CHEVAUX.

Les chevaux de remonte ne sont pas montés immédiatement après leur arrivée au corps, ils sont seulement promenés en main par des cavaliers montés sur des chevaux faits : si l'on est en hiver, on choisit pour cette promenade le moment le moins froid de la journée. On a l'attention de les tenir en mains, tantôt à droite tantôt à gauche.

Lorsque les chevaux sont bien remis des fatigues de la route, on les monte pour les promener.

Ces promenades se font *au pas*, les cavaliers n'exigeant de leurs chevaux que de suivre ceux qui les précèdent dans la colonne.

Les chevaux ainsi habitués à supporter le poids du cavalier, on les accoutume, dans les écuries, à se laisser seller, lever le pied, frapper sur le fer, etc., observant, si un cheval fait des difficultés, d'user toujours de douceur pour le guérir de son inquiétude.

On ne doit pas perdre de vue qu'il ne faut rien exiger des jeunes chevaux au delà de leurs forces, et n'employer le châtiment qu'à la dernière extrémité, et seulement quand on est assuré que les fautes proviennent de malice et non d'ignorance.

Les chevaux doivent être dociles au montoir, marcher sur la ligne droite et sur la ligne circulaire à toutes les allures; reculer, faire quelque pas de côté à droite et à gauche, endurer la pression du rang, sauter le fossé, la barrière : ne pas s'effrayer du bruit des armes, des tambours, du flottement des étendards et des flammes de lances.

Afin d'éviter les répétitions, cet article ne présente que les détails qui concernent le cheval, et l'on se conforme, pour les commandements et l'exécution de tous les mouvements, à ce qui est prescrit aux *Ecoles du cavalier et du peloton*, ayant l'attention de suivre de point en point la progression de ces écoles, mais en rapportant tout à l'instruction du cheval.

PREMIÈRE LEÇON.

Les chevaux sellés et en bridon sont placés sur un rang et à 3 pas l'un de l'autre.

La leçon du montoir se donne cheval par cheval, l'instructeur le tenant par les deux rênes du bridon ; le cavalier caresse le cheval en l'abordant, met le pied à l'étrier avec précaution ; s'enlève sans à-coup ; arrive très légèrement en selle et le caresse encore ; à mesure que le cheval montre plus de calme, le cavalier reste plus long-temps sur l'étrier, et successivement monte à cheval et met pied à terre, du côté gauche et du côté droit, afin d'augmenter de plus en plus la soumission du cheval.

Pour faire connaître au cheval l'effet des rênes, le cavalier doit ouvrir les rênes sans à-coup, mais franchement, de manière à ne lui laisser aucune incertitude sur ce qu'il exige de lui.

Pour lui faire connaître l'effet des jambes, le cavalier a deux gaules, une dans chaque main : elles sont d'un bois souple et liant, et assez longues pour atteindre le cheval derrière les sangles, précisément à l'endroit où les jambes se ferment. Il faut commencer par fermer les jambes par degrés, et, si le cheval n'obéit pas, user aussitôt des gaules, en augmentant progressivement la force du coup, jusqu'à ce que le cheval s'habitue à partir à la seule pression des jambes ; alors on ne fait plus usage des gaules que lorsque le cheval montre de l'incertitude.

Pour faire tourner le cheval, il faut ouvrir franchement la rêne du côté vers lequel il doit tourner, et fermer la jambe du même côté ; si le cheval n'obéit pas à la pression de la jambe, employer la gaule de ce côté ; le mouvement presque fini, diminuer l'effet de la rêne et de la jambe, en soutenant de la rêne et de la jambe opposées.

Il faut, les premières fois, faire décrire au cheval des arcs de cercle plus grands, et peu à peu l'amener à tourner sur les arcs de cercle prescrits dans la première leçon.

Ces instructions étant bien comprises, on commence le travail.

On ne fait pas exécuter le travail de pied ferme indiqué dans la première leçon de l'*École du cavalier*, mais on exécute la marche, en colonne sur la piste comme dans la deuxième partie de cette leçon ; l'instructeur a soin de placer en tête un cheval dressé, et les cavaliers conservent 3 pas de distance de tête à croupe, afin de pouvoir mieux conduire leurs chevaux.

Les cavaliers doivent, en commençant, mettre beaucoup de souplesse dans leur position et de liant dans leurs mouvements afin de ne pas rebuter des chevaux déjà contraints par un poids auquel il ne sont pas habitués. On ne doit pas encore exiger que les chevaux marchent bien droit, on se contente de leur faire connaître les rênes et les jambes en les redressant sur la ligne droite, quand il s'en écartent trop, et en se servant des moyens prescrits pour le passage des coins.

Ce premier travail s'exécute *au pas* seulement, pour le rendre plus facile au cheval.

C'est surtout dans l'exécution des *à-droite*, des *à-gauche*, des *demi-tour à droite et à-gauche*, que les cavaliers doivent se servir avec précision des rênes et les jambes, pour bien les faire connaître au cheval.

Pour faire reculer le cheval, après avoir mis pied à terre, l'instructeur se place en face du cheval, saisit une rêne de chaque main, et, portant les poignets en avant, fait agir le mors du bridon.

Si le cheval fait des difficultés pour reculer, l'instructeur, saisissant les deux rênes de la même main, de l'autre le touche doucement avec une gaule sur les jambes de devant, le carresse aussitôt qu'il a obéi et l'arrête après deux ou trois pas. On ne doit pas chercher à le faire reculer droit.

Pendant les premiers jours, le travail doit être court, et coupé par des repos fréquents.

Dans les moments de repos, on répète la leçon

du montoir, et lorsque le cheval ne bouge plus, le cavalier le monte ou en descend sans que l'instructeur le tienne ; si un cheval fait des difficultés, il faut recommencer à le tenir jusqu'à ce qu'il soit calme : cherchant à lui donner de la confiance, et se gardant bien de le maltraiter, ce qui ne ferait que l'inquiéter davantage.

Après quelques jours de travail, on s'attache à maintenir le cheval droit, et l'on exige plus de précision dans le passage des coins, ainsi que dans tous les mouvements et changements de direction, mais *au pas* seulement.

Le cavalier commence à restreindre un peu le mouvement des rênes et à diminuer l'usage des gaules, afin que le cheval s'habitue de plus en plus à n'obéir qu'aux *aides*.

Quand le cheval marche d'aplomb sans s'abandonner, et qu'il obéit passablement aux mains et aux jambes, l'instructeur le fait passer à un *trot* modéré ; mais, à cette allure, les reprises doivent être courtes, pour ne pas mettre les chevaux hors de leur aplomb ni les essouffler.

On ne doit pas d'abord exiger, dans la position du cheval et dans ses mouvements *au trot*, la même précision qu'*au pas* : elle ne s'obtient que par degrés.

On exerce les chevaux à reculer étant montés ; les cavaliers doivent agir avec beaucoup de douceur, se bornant pour les premières fois à leur faire

faire deux ou trois pas en arrière, très lentement, sans exiger qu'ils reculent droit.

Toutes les fois qu'un cheval a obéi, il faut avoir la main légère et le caresser.

DEUXIÈME LEÇON.

Les chevaux, sellés et en bridon, sont placés sur un rang à 3 pas l'un de l'autre.

Les chevaux obéissant suffisamment aux aides, on ne fait plus usage des gaules, mais il reste à leur faire connaître l'éperon; on ne doit l'employer que lorsque le cheval n'a pas obéi aux jambes. Dans ce cas, le cavalier s'étant conformé à ce qui est prescrit à l'École du cavalier à cheval (n° 57), pince des deux vigoureusement, à l'instant même où le cheval commet la faute; en même temps il rend la main, sauf à replacer le cheval sur la piste s'il s'en écarte. Il ne faut jamais lui faire sentir les éperons mal à propos, mollement, ni l'un après l'autre, pour ne pas donner au cheval l'habitude de ruer à la botte.

On commence à exiger que les chevaux marchent bien droit sur la ligne droite, et qu'ils soit légèrement ployés en tournant à droite ou à gauche. On les fait ensuite trotter alternativement aux deux mains, en s'occupant de leur donner une allure franche et réglée.

Les chevaux ayant acquis de la souplesse et de l'assurance, les reprises *au trot* doivent être plus fréquentes et plus longues; et l'on doit répéter à cette allure tous les mouvements et changements de mains exécutés *au pas*.

L'oblique de pied ferme n'est point exécuté.

Lorsque les chevaux travaillent bien sur la ligne droite, on commence à les mettre sur le cercle, et on leur fait exécuter progressivement quelques tours à chaque main, d'abord *au pas*, puis *au trot*. Les chevaux travaillant en cercle doivent avoir la position détaillée à l'Ecole du cavalier à cheval (n° 69).

On fait exécuter les *à-droite*, les *à-gauche*, les *demi-tonrs à droite* et les *demi-tours à gauche*, et l'on confirme ainsi les chevaux dans la connaissance des rênes et des jambes.

A la fin des reprises, les chevaux étant alors plus calmes et plus obéissants, on les fait passer successivement de la tête à la queue de la colonne, ayant soin de donner cette leçon avec de grands ménagements et de ramener sur la piste avec douceur les chevaux qui, malgré toutes les précautions, chercheraient à la quitter.

Cette leçon est répétée en prenant indistinctement les chevaux dans le centre de la colonne.

On ne fait pas encore partir de pied ferme *au trot*, ni arrêter en marchant à cette allure.

Les chevaux soutenant bien l'allure *du trot*, on leur fait allonger *le trot* ; mais pendant un ou deux tours au plus, afin de ne pas les *mettre sur les épaules* ni hors de leur aplomb.

On leur fait faire ensuite un ou deux tours au

plus, *au galop*, seulement pour leur donner la première connaissance de cette allure, essayer leur force et augmenter leur souplesse, sans s'inquiéter s'ils sont *justes au départ*.

Les jeunes chevaux, en partant *au galop*, ont de la propension à fuir ; les cavaliers doivent chercher à les calmer, évitant surtout de les trop rechercher.

Enfin, on leur apprend à faire quelques pas de côté, comme il est prescrit à l'Ecole du cavalier à cheval (n° 85).

Cet exercice étant difficile pour le cheval, exige beaucoup de douceur et de patience de la part de l'instructeur; quelques mouvements de l'avant-main à droite et à gauche, un pas ou deux sur le côté, suffisent pour une première fois.

Si un cheval fait des difficultés, l'instructeur commence par lui montrer la chambrière, et si cela ne suffit pas, il la lui fait légèrement sentir derrière les sangles ; le cheval ayant obéi, il le caresse.

On répète le travail *du reculer*, mais on est plus exigeant; et si le cheval se traverse, on le redresse avec ménagement.

Dans les moments de repos, les cavaliers étant en colonne, ou sur un rang à 3 pas l'un de l'autre, l'instructeur fait *mettre pied à terre et monter à cheval* alternativement du côté droit et du côté gauche.

TROISIÈME LEÇON.

Les chevaux pour cette leçon sont bridés.

Le travail de pied ferme prescrit à l'Ecole du cavalier à cheval (n° 96) et suivants n'est point exécuté.

Les chevaux marchant sur la piste, on s'occupe d'abord de les habituer à la pesanteur du mors ; à cet effet, le cavalier conduit son cheval avec le filet seulement, qu'il tient de la main droite, par le milieu, ayant soin de *rendre* les rênes de la bride, de manière à ne pas faire agir le mors.

Quand le cheval ne témoigne plus aucune inquiétude, on commence à lui faire connaître les effets du mors.

Toutes les fois qu'il y a un coin à passer on rassemble son cheval en se servant du filet ; le cheval ayant obéi et étant déterminé à droite ou à gauche, on *rend* du filet et l'on achève le mouvement avec la main de la bride ; si le cheval montre encore de l'hésitation, on rend aussitôt de la main de la bride et on reprend avec le filet.

Le filet, employé de la sorte, au passage des coins et dans tous les changements de direction, fait connaître peu à peu au cheval l'effet du mors, et insensiblement on restreint l'usage du filet pour parvenir à le conduire avec la main gauche seulement.

L'effet du mors étant beaucoup plus fort que celui du filet, les mouvements de la main gauche doivent aussi être plus progressifs et moins prononcés.

Dans tous les mouvements difficiles, comme *sortir de la colonne*, *appuyer*, etc., si l'instructeur s'aperçoit que les chevaux sont indécis, il fait prendre le filet aux cavaliers.

QUATRIÈME LEÇON.

Les chevaux étant parfaitement dociles au montoir et sachant bien reculer, on fait *monter à cheval* et *mettre pied à terre* sur deux rangs, comme à l'Ecole du cavalier à cheval (nos 56 et 73).

Le travail est le même que dans les leçons précédentes, mais les cavaliers sont armés. Ils ont le mousqueton à la botte et le sabre dans le fourreau ; à mesure que les chevaux s'y habituent, on fait mettre le mousqueton au crochet et le sabre à la main.

On fait exécuter ensuite le maniement des armes, d'abord de pied ferme, puis en marchant *au pas* et *au trot*, comme à la 4e leçon de l'*Ecole du cavalier*, employant toujours la plus grande douceur pour y habituer les chevaux par degrés.

Moyens pour habituer les chevaux à sauter le fossé et la barrière.

A la fin de la leçon, et avant de reconduire les chevaux à l'écurie, on les exerce à sauter le fossé et la barrière.

Ce travail demande beaucoup de précaution et de ménagement. On fait exécuter le saut du fossé, avant celui de la barrière, qui est le plus difficile.

Pour les premières fois, le fossé doit être étroit et peu profond, et la barrière peu élevée.

On commence toujours par faire sauter les chevaux en main, ayant l'attention de mettre en tête un cheval déjà habitué à cet exercice.

Pour éviter aussi que le cheval ne s'arrête court, comme il arrive souvent, on le fait passer d'abord à côté du fossé et par-dessus la barrière abattue, afin qu'il connaisse d'avance l'obstacle qu'il doit franchir.

Ces précautions prises, le cavalier tient l'extrémité des rênes de la bride avec la main droite, et court au fossé ou à la barrière qu'il franchit le premier, l'instructeur suit le cheval, lui montre la chambrière et la fait claquer dans le même moment pour le déterminer ; le cavalier le caresse après qu'il a sauté.

Si un cheval fait des difficultés, l'instructeur le détermine avec la chambrière, en y mettant beaucoup de patience, mais ne permet jamais qu'il rentre à l'écurie sans avoir sauté.

Les chevaux ne doivent sauter qu'une fois ou deux au plus par jour ; ce travail, trop réitéré, finirait par les rebuter.

On ne doit faire sauter le cheval monté que lorsqu'il a sauté en main et sans indécision. A cet effet, chaque cavalier, en arrivant au fossé ou à la barrière, détermine son cheval comme il est prescrit à l'École du cavalier à cheval (n° 175).

Lorsqu'un cheval refuse d'obéir, il faut reprendre du terrain pour essayer de nouveau à le faire sauter, le mettant au besoin à quelques pas en file derrière un autre cheval qui saute franchement ; l'instructeur le suit pour le déterminer avec la chambrière, et si, malgré toutes les précautions, le cheval refuse encore de sauter, il fait mettre pied à terre au cavalier, fait de nouveau sauter le cheval en main, et ne le fait monter que lorsqu'il saute sans indécision.

Réunion des jeunes chevaux en peloton.

Pour habituer les jeunes chevaux à la pression du rang et aux mouvements qu'ils doivent exécuter en troupe, on suit la progression des quatre articles de l'*École du peloton*, en se conformant à ce qui suit.

On ne prend pas d'abord d'alignements successifs de pied ferme avec les jeunes chevaux, parce que, généralement, ils ne sont pas encore assez calmes.

Dans les formations, les cavaliers doivent maintenir leurs chevaux droits, et s'aligner à mesure qu'ils arrivent ; mais une fois dans le rang et arrêtés, ils ne doivent plus le rechercher pour les remettre droits ni pour se rapprocher, parce que les jeunes chevaux sont inquiets d'être *rassemblés* trop long-temps et se défendent presque toujours.

En commençant à marcher par deux, par quatre et par peloton, les cavaliers doivent conserver beaucoup d'aisance, éviter de se serrer et même de se rapprocher botte à botte, se relâcher beaucoup des cuisses et des jambes, exiger un peu de leurs chevaux et calmer ceux qui s'animent, *en arrêtant et rendant.*

Lorsque les chevaux sont calmes et qu'ils marchent sans ardeur, les cavaliers se rapprochent botte à botte, sans pourtant se serrer, et alors seulement on observe avec plus d'exactitude les distances, les directions et l'alignement.

On a l'attention de placer sur les ailes les chevaux pour qui la pression du rang est plus pénible, et peu à peu on les rapproche du cercle, où la pression se fait sentir davantage.

Dans la marche en colonne et en bataille, on s'occupe à rendre les allures égales et régulières, évitant de trop multiplier les ruptures et les formations, jusqu'à ce que les chevaux soient parfaitement dressés.

On fait converser par peloton ; mais ces mouvements sont fréquemment entrecoupés de marches directes, afin de calmer les chevaux pour lesquels la pression devient trop forte ; l'allure des chevaux placés du côté du pivot étant ralentie, il s'ennuient d'être ainsi retenus par la main du cavalier, et presque toujours ils se défendent, quand on les fait converser longtemps et souvent.

On exécute, *au pas* seulement, les *à-droite*, les *à-gauche*, les *demi-tours à droite*, les *demi-tours à gauche*, *par quatre*, ayant l'attention de ne pas trop les multiplier.

On fait galoper par deux, par quatre et par peloton, mais les reprises sont courtes; on ne fait exécuter aucun autre mouvement à cette allure.

Les jeunes chevaux ne sont pas exercés à la charge.

Les derniers jours de leur instruction, ils sont montés avec armes et bagages; si quelque cheval inquiété par le porte-manteau rue et se défend, on l'éloigne de la troupe, et on l'habitue peu à peu au porte-manteau en le montant à part, et en le laissant chargé à l'écurie pendant une heure ou deux heures.

Lorsque les jeunes chevaux sont suffisamment dressés, et quelques semaines avant de les faire entrer à l'escadron, on leur fait exécuter les diverses formations de l'*Ecole du peloton* aux allures vives, mais en usant très modérément de celle du *galop*.

Moyens pour habituer les chevaux au feu, et
aux bruits de guerre.

On fait monter avec les jeunes chevaux quelques chevaux dressés et sages au feu ; vers la fin du

travail, les cavaliers qui montent ces derniers s'é-
loignent de quelques pas et tirent des coups de pistolet pendant que les autres continuent de marcher
sur la piste, les cavaliers ayant soin de calmer et
de caresser ceux qui s'animent ou qui s'effraient.

On emploie ce moyen pendant quelques jours,
les cavaliers se rapprochant de plus et plus en finissant par tirer dans l'intérieur du carré ; on fait
ensuite tirer en retournant au quartier, d'abord derrière la colonne, puis vers le centre et enfin à la
tête de la colonne, en lui faisant face à quelques
pas.

On met dans les commencements un peu d'intervalle d'un coup de pistolet à l'autre, et l'on tire
plus fréquemment à mesure que les chevaux deviennent plus tranquilles, en évitant qu'ils ne soient
piqués par les grains de poudre.

Lorsque les jeunes chevaux commencent à s'habituer au bruit des armes, les cavaliers qui les
montent ayant chargé leurs pistolets dans l'intervalle des reprises, font feu l'un après l'autre, à
l'avertissement de l'instructeur.

Cette leçon doit être donnée avec précaution, en
observant de suspendre le feu quand les chevaux
s'animent ; lorsqu'ils deviennent plus tranquilles,
on répète les coups de pistolet plus fréquemment.
On fait ensuite tirer les mousquetons.

S'il se trouve des chevaux assez inquiets pour
mettre habituellement le désordre parmi les autres,

il faut les faire rentrer à l'écurie; on s'occupe alors matin et soir de les habituer séparément et peu à peu au bruit des armes.

A cet effet, on les mène en main dans la carrière où l'on fait tirer quelques coups de pistolet, en les caressant pour les calmer et leur donnant ensuite de l'avoine. D'abord on fait tirer de loin, et peu à peu de près. Quand les chevaux s'y habituent, on les remet avec les autres pour recevoir, étant montés, les mêmes leçons.

Lorsque les chevaux ne sont plus effrayés des coups de mousqueton ou de pistolet tirés l'un après l'autre, on les réunit à l'extrémité de la carrière; on les fait marcher en avant et approcher doucement d'hommes à pied placés à l'autre extrémité, qui font feu ensemble, plusieurs fois de suite; quand ils sont à 50 pas, on cesse de tirer, et les chevaux continuent de marcher jusqu'à ce qu'ils arrivent sur les hommes à pied, alors on les arrête et on les caresse.

L'instructeur en chef assiste toujours à cette leçon, afin de s'assurer qu'elle est donnée avec soin, et qu'elle n'occasionne aucun désordre.

On habitue aussi les jeunes chevaux au maniement des armes, au flottement des étendards, des drapeaux, des flammes de lances, au bruit du tambour, et enfin à tous les bruits de guerre, toujours à la fin du travail, en suivant la même progression, et en employant les mêmes moyens de douceur.

Chevaux difficiles à dresser.

Les jeunes chevaux opposent souvent des résistances dont il est bon de connaître la cause pour y remédier.

Les uns sautent de gaîté ou par trop d'ardeur; il faut, sans les maltraiter, les ramener doucement sur la piste, les calmer en arrêtant et rendant moelleusement, et se servant très peu des jambes.

Les autres sautent par malice et pour désarçonner leur cavalier; il faut leur faire sentir tous les degrés d'aide pour les remettre, employant le châtiment comme dernière ressource, parce que, trop prompt ou trop fréquent, il rendrait les chevaux plus difficiles.

Quant aux chevaux qui s'arrêtent et qui refusent d'avancer, cela peut provenir de faiblesse, de peur ou d'entêtement.

Si c'est de faiblesse, ce qu'indiquent suffisamment la conformation du cheval et la manière dont il travaille, il faut proportionner le travail à ses moyens.

Si c'est de peur, il faut le conduire doucement sur l'objet qui l'effraie, l'arrêtant de temps en temps avant d'y arriver, rendant la main, appelant de la langue, et lui donnant de la confiance par tous les moyens possibles. Arrivé enfin sur l'objet, on le lui laisse flairer pour qu'il voie bien qu'il n'a rien à craindre, et on le caresse. Il faut, dans tous les cas, se garder de punir le cheval peureux, ce qui ne ferait qu'augmenter le mal.

Enfin, si c'est par entêtement, il faut, après avoir employé tous les moyens de douceur, se servir de la chambrière, l'éperon portant souvent le cheval à se défendre davantage, c'est à l'instructeur, qui connaît le cheval, à en prescrire ou à en défendre l'usage.

Il y a des chevaux qui ont l'habitude de se cabrer. Le cavalier doit, sans déranger son assiette, porter le haut du corps en avant et ne pas s'attacher aux rênes, ce qui peut faire renverser le cheval, mais au contraire rendre la main, et faire sentir l'effet des jambes.

Il en est d'autres qui ont le défaut de ruer. Le cavalier doit porter le corps un peu en arrière sans se raidir; élever la main, pour empêcher le cheval de mettre la tête entre les jambes, et le déterminer à se porter en avant, en fermant les jambes.

Il est rare qu'un cheval rue droit; il jette presque toujours la croupe à droite ou à gauche. Le cavalier, tout en se conformant à ce qui est dit ci-dessus, doit sentir plus fortement la rêne du côté vers lequel le cheval rue, afin *d'opposer les épaules aux hanches.*

Lorsqu'un cheval veut ruer en marchant, on s'en aperçoit au ralentissement de ses jambes de devant. On peut même, par le ralentissement de ses jambes de derrière, prévoir que le cheval veut se cabrer.

Quand les chevaux ont résisté à tous les moyens de douceur et aux châtiments, on a recours à la leçon de la longe.

Leçon de la Longe.

Cette leçon très difficile exige beaucoup de ménagements, afin de ne pas user le cheval en voulant le réduire; elle doit durer une demi-heure ou trois quarts d'heure au plus; et les repos doivent être fréquents.

Le caveçon sert, dans le travail en cercle, à modérer l'allure du cheval, à le rapprocher du centre. Il sert aussi à l'en éloigner en faisant serpenter la longe. Il peut être également employé à réprimer ses fautes.

Avec la chambrière, on accélère le train du cheval, on l'éloigne du centre, et on le corrige.

L'instructeur s'aide alternativement de la chambrière et du caveçon pour vaincre la résistance du cheval; mais il doit bien se garder de se servir des deux à la fois ni d'en abuser, l'abus du caveçon portant le cheval à se défendre et le mettant sur les jarrets; celui de là chambrière pouvant le rebuter et le rendre rétif.

La longe doit être tenue assez longue, pour ne pas fatiguer le cheval en le forçant à travailler sur un cercle trop resserré.

Il faut mettre au cheval un bridon d'abreuvoir, et placer le caveçon de manière qu'il ne gêne pas la respiration.

Un instructeur et un sous-instructeur sont nécessaires pour donner cette leçon : le sous-instructeur tient la longe et se place au centre. L'instructeur, pour acheminer le cheval sur le cercle, le conduit par la rêne du dedans, tenant la chambrière de la main opposée et derrière lui; il marche avec le cheval aussi longtemps qu'il est nécessaire; à mesure que le cheval marche avec plus de confiance il s'en éloigne, tenant la longe de la main droite (en marchant à main droite) et la chambrière de la main gauche, jusqu'à ce qu'il soit à une certaine distance du cheval et de celui qui tient la longe. Il accompagne toujours son cheval dans son mouvement, et se sert au besoin de la longe ou de la chambrière pour le maintenir sur le cercle et l'entretenir dans son allure.

Si le cheval s'arrête court lorsque l'instructeur s'est éloigné, s'il recule ou tire sur la longe et refuse de se porter en avant au bruit de la chambrière, il l'achemine de nouveau sur le cercle, pour lui faire mieux comprendre ce qu'il en exige.

En s'éloignant de nouveau, l'instructeur montre la chambrière au cheval et la lui fait même sentir entre l'épaule et le ventre s'il est nécessaire; à mesure que le cheval marche avec plus de confiance, il lui donne plus de liberté.

Si, au lieu de trotter, le cheval galope, l'instructeur secoue légèrement la longe par un mouvement très doux de la main : ces légères secousses doivent se donner horizontalement et non verticalement.

Après quelques tours, l'instructeur diminue le cercle, et tâche d'arrêter le cheval à la voix en le faisant venir à lui ; dès qu'il a obéi il le caresse, lui fait faire quelques pas en arrière, et l'achemine sur ce cercle, à l'autre main, avec les mêmes précautions.

A la fin de la leçon, et lorsque le cheval est plus docile, on le monte, non pour le faire travailler à la longe, mais pour en obtenir ce qu'il avait refusé de faire ; il faut être peu exigeant si le cheval se soumet, le caresser, et lui ôter le caveçon.

Si, malgré toutes les précautions et la patience de l'instructeur, le cheval refuse encore d'obéir, on le remet à la longe avant de le renvoyer, et l'on continue ces leçons jusqu'à ce qu'il ne fasse plus de résistance.

Le travail à la longe peut aussi être employé (mais toujours avec beaucoup de ménagement), pour donner de la souplesse aux chevaux qui en manquent.

ARTICLE IX.

DÉFINITIONS ET PRINCIPES GÉNÉRAUX.

Une TROUPE se compose de rangs et de files.

Un RANG se compose de cavalier les uns à côté des autres.

Une FILE se compose de deux cavaliers, l'un derrière l'autre.

CHEF DE FILE, est l'homme du premier rang d'une troupe, relativement à celui qui est placé derrière lui au deuxième rang.

SERRE-FILE, est un officier ou un sous-officier placé derrière le deuxième rang.

FRONT, est le devant d'une troupe, soit en bataille, soit en colonne.

CENTRE, est le milieu d'une troupe.

AILE, est l'extrémité de droite ou de gauche d'une troupe en bataille.

FLANC, est le côté de droite ou de gauche d'une colonne.

HAUTEUR, s'entend du nombre de rangs dont une troupe est composée.

INTERVALLE, est l'espace vide entre deux troupes ou entre les fractions d'une troupe en bataille. Il s'entend plus particulièrement de l'espace que les escadrons d'un régiment en bataille doivent conserver entre eux.

Cet intervalle est de 12 pas (12 mètres), mesuré des genoux du maréchal-des-logis (non compté dans le rang) de la gauche d'un escadron, aux genoux du maréchal-des-logis de la droite de l'escadron qui suit, dans l'ordre de bataille.

A pied, il est mesuré des coudes des mêmes maréchaux-des-logis.

DISTANCE, est l'espace vide d'une troupe à une autre en colonne, ou entre les rangs d'une même troupe, soit en colonne, soit en bataille.

La distance entre les rangs ouverts à cheval est de 6 pas (6 mètres), mesurés de la croupe des chevaux du premier rang à la tête des chevaux du deuxième ; à pied, cette distance est de 6 pas (4 mètres).

Lorsque les rangs sont serrés, la distance à cheval est de 2[3 de mètre (2 pieds), comptés de croupe des chevaux du premier rang à la tête de ceux du deuxième ; à pied, elle n'est que d'1/3 de mètre (1 pied), mesuré de la poitrine d'un cavalier du deuxième rang au dos de son chef de file.

Lorsqu'une troupe est formée en colonne par pelotons ou divisions, les distances prescrites sont mesurées des cavaliers d'un premier rang à ceux d'un autre premier rang ; à pied, elles sont mesurées des coudes des cavaliers d'un premier rang aux coudes des cavaliers d'un autre premier rang.

PROFONDEUR, est l'espace compris entre la tête et la queue d'une colonne.

La profondeur de la colonne par-pelotons est égale au front que la troupe occupait en bataille ; elle se mesure de la tête du cheval de l'officier commandant le premier peloton, à la croupe des chevaux des serre-files du dernier peloton.

La profondeur d'un escadron en colonne par quatre est égale au double du front qu'il occupait en bataille.

Pour évaluer le front d'une troupe et la profondeur d'une colonne, il est nécessaire de savoir que chaque cheval monté occupe en épaisseur 1/3 de sa longueur : cette épaisseur est d'un peu moins d'un mètre. Afin d'éviter les fractions et d'arriver au même but par un calcul plus simple, ayant aussi égard à l'aisance qu'il est indispensable de conserver entre les cavaliers dans le rang, on l'a supposée d'un mètre (un grand pas). La longueur du cheval étant de 3 mètres, les deux rangs occupent 6 mètres de hauteur, sur lesquels il se trouve 2/3 de mètre (2 pieds) de distance d'un rang à l'autre, espace nécessaire pour éviter les atteintes dans la marche.

En prenant pour base les dimensions ci-dessus, il en résulte que l'étendue du front d'un escadron est d'autant de mètres qu'il y a de files, plus les deux sous-officiers des ailes. Cependant il existe une différence selon les armes, et en raison de la manière dont les régiments sont montés ; les commandants des corps doivent s'en assurer, en faisant mesurer le front de leurs escadrons.

ALIGNEMENT, est la disposition de plusieurs cavaliers ou de plusieurs troupes sur une même ligne. On en distingue deux sortes : l'*alignement individuel* et l'*alignement par troupe*.

L'*Alignement individuel* est celui de cavaliers se plaçant les uns à côté des autres, dans une direction parallèle entre eux, et sans que l'un soit en avant ou en arrière de l'autre.

L'*Alignement par troupe* est celui d'une troupe se portant sur le prolongement d'une ligne déjà occupée.

Toute troupe qui doit se former et s'aligner sur une autre, s'arrête à la hauteur des serre-files, parallèlement à la ligne de formation, pour se porter ensuite sur l'alignement de la troupe déjà formée.

Tout commandant d'une troupe se porte, pour l'aligner, du côté indiqué par le commandement ; il en est de même si la troupe qu'il commande sert de base d'alignement à une autre troupe. Mais le commandant de la troupe qui s'aligne sur une autre, se porte du côté opposé pour l'aligner.

PELOTON, se compose habituellement de 12 files ; il peut aussi être porté à 16 : dans ce cas, il se subdivise en 2 sections.

Division, se compose de 2 pelotons.

Escadron, se compose de 2 divisions ou 4 pelotons.

Régiment dans l'ordre en bataille, se compose de ses escadrons disposés sur une même ligne avec leurs intervalles ; il est dans l'ordre *constitutif* lorsque les escadrons sont placés par ordre de numéros de la droite à la gauche.

Il est dans l'ordre *éventuel* lorsque ses premiers escadrons sont à la gauche de la ligne et ses derniers à la droite, ou lorsque les subdivisions de chaque escadron sont interverties entre elles.

On se sert indifféremment de l'un ou de l'autre ordre selon que les circonstances l'exigent.

Colonne, est la disposition d'une troupe qui a rompu, et dont les fractions sont placées les unes derrière les autres.

On distingue trois espèces de colonnes : *la colonne de route*, *la colonne avec distance*, *la colonne serrée*.

Colonne de route, est formée de cavaliers par deux ou par quatre.

Colonne avec distance, est formée de pelotons, ayant entre eux la distance nécessaire pour se remettre en bataille dans tous les sens. On peut aussi former cette colonne par divisions ; mais la proportion du front de peloton est la plus avantageuse pour tous les mouvements.

Colonne serrée, est formée d'escadrons avec 12 pas (12 mètres) de distance d'un escadron à l'autre : cette disposition a pour objet de donner le moins de profondeur possible à la colonne.

La colonne a *la droite en tête*, lorsqu'on rompt par la droite, ou quand la troupe placée à la droite de la ligne en prend la tête.

La colonne a la gauche en tête, lorsqu'on rompt par la gauche, ou quand la troupe placée à la gauche de la ligne en prend la tête.

Points fixes ou de direction, servent à indiquer la direction dans laquelle on veut faire marcher une troupe en bataille ou en colonne, ou bien à établir la droite et la gauche d'une ligne.

Points intermédiaires, sont ceux pris entre des points fixes. Ils servent à maintenir une troupe pendant sa marche, dans la direction indiquée, ou bien à assurer la rectitude de la formation des lignes.

Guides-généraux, sont les deux sous-officiers servant à marquer, dans la formation d'un régiment, les points où sa droite et sa gauche doivent s'appuyer.

Ils sont choisis dans le premier et le dernier escadron, et sont à la disposition des adjudants-majors pour le tracé des lignes.

Guides-principaux, sont les sous-officiers servant à marquer les points intermédiaires dans la formation en bataille.

Les sous-officiers serre-filles des 1er et 4e pelotons sont les guides principaux de leurs escadrons respectifs.

Guides particuliers, sont les sous-officiers qui se portent sur la ligne de formation, pour marquer l'encadrement de leurs escadrons, à mesure qu'ils y arrivent.

Les deux sous-officiers des ailes, non comptés dans le rang, sont les guides particuliers de leurs escadrons respectifs.

Guide de la marche en bataille, est le sous-officier serre-file de l'une des ailes, qui, dans la marche en bataille, remplace au 1er rang le guide particulier, lorsque celui-ci se porte sur l'alignement des officiers pour assurer la direction de la marche, en servant de point intermédiaire.

Guide de colonne, est le cavalier de l'une des ailes du 1er rang d'une troupe en colonne; il est chargé de la direction de la marche.

Le guide est toujours à gauche lorsqu'on marche par la droite, ou quand on se forme en colonne serrée, la droite en tête; et il est à droite lorsqu'on marche par la gauche ou quand on se forme en colonne serrée, la gauche en tête. Les exceptions à cette règle générale sont indiquées au titre des évolutions.

Dans la marche oblique, le guide est du côté vers lequel on oblique ; et lorsqu'après avoir obliqué l'on rentre dans la direction primitive, le guide se reprend où il était précédemment.

Dans une colonne composée de cavalerie et d'infanterie, les guides de la cavalerie sont dirigés sur la deuxième file des subdivisions de l'infanterie, du côté des guides. En ligne, les officiers qui sont devant le front des escadrons s'alignent sur le 3e rang de l'infanterie.

Conversion, s'entend du mouvement circulaire exécuté par un cavalier ou par une troupe revenant au point de départ.

Lorsqu'une troupe exécute une conversion, elle tourne sur l'une de ses ailes, chacun des cavaliers qui la composent décrivant un cercle plus ou moins grand, en raison de son éloignement du point central.

Demi-tour, est une demi-conversion.

A-droite ou a-gauche, est un quart de conversion.

Demi-a-droite ou demi-a-gauche, est le huitième de la conversion.

Quart d'a-droite ou qu'art d'a-gauche, est le seizième de la conversion.

Pivot, est le cavalier placé au 1er rang de l'aile sur laquelle on converse. On en distingue deux sortes, *le pivot fixe* et *le pivot mouvant*.

Le pivot est *fixe* toutes les fois qu'il tourne sur

lui-même ; il est *mouvant* lorsqu'il décrit un arc de cercle plus ou moins grand.

L'arc de cercle décrit par le pivot d'un rang de deux, de quatre, de huit, ou par le pivot d'un peloton exécutant un quart de conversion, est de 5 pas (5 mètres) : pour une division, il est de 10 pas (10 mètres) ; et pour un escadron, il est de 20 pas (20 mètres).

DÉBOITEMENT, exprime le commencement d'un mouvement de conversion exécuté par les fractions d'un escadron dont les ailes marchantes se séparent du pivot de la fraction qui les avoisine.

EMBOITEMENT, exprime la fin d'un mouvement de conversion exécuté par les fractions d'un escadron pour se mettre en bataille, quand l'aile marchante de chaque fraction se réunit au pivot de celle qui la précède.

PLOIEMENT, est le mouvement par lequel un régiment quitte l'ordre en bataille pour prendre l'ordre en colonne serrée.

DÉPLOIEMENT, est le mouvement par lequel un régiment quitte l'ordre en colonne serrée pour prendre l'ordre en bataille.

FORMATION, est le placement régulier de toutes les fractions d'une troupe, soit dans l'ordre en bataille, soit dans l'ordre en colonne.

ALLURES. On en distingue trois sortes : le *pas*, le *trot*, et le *galop*.

A pied, on distingue deux espèces de pas, le *pas ordinaire* et le *pas accéléré*.

Lorsque le commandement n'indique pas l'allure, le mouvement se fait toujours *au pas*, si la troupe est de pied ferme ; et si elle est en marche, il se fait à l'allure à laquelle elle marchait précédemment.

A pied, les mouvements s'exécutent habituellement *au pas accéléré* sans que le commandement en soit fait. Quand on veut les exécuter au *pas ordinaire*, le commandement doit l'indiquer.

Le pas, considéré comme mesure, se compte à cheval, à raison d'un mètre (3 pieds).

A pied, il est de 2|3 de mètre (2 pieds).

Le pas en arrière est de 1|3 de mètre (1 pied).

L'étendue de terrain qu'un cheval peut parcourir aux différentes allures, varie en raison de sa conformation ; mais on peut calculer généralement qu'un cheval parcourt à chaque pas 83 centimètres (2 pieds 8 pouces) ; à chaque temps de trot, 120 centimètres (3 pieds 8 pouces) ; et à chaque temps de galop, 3 mètres 25 centimètres (environ 10 pieds) ; d'où il résulte qu'un cheval doit parcourir au pas, dans une minute, 100 mètres (50 toises) ; au trot, 240 mètres (120 toises) ; et au galop, 300 mètres (150 toises).

A pied, la vitesse du pas ordinaire est de 76 à la minute ; celle du pas accéléré est de 100.

Marche directe, est celle qui s'exécute par

une troupe en ligne ou en colonne, pour se porter en avant, perpendiculairement à son front.

MARCHE DE FLANC, est celle par laquelle on gagne du terrain vers sa droite ou vers sa gauche, après avoir exécuté un quart de conversion.

LA MARCHE DIAGONALE, n'est ainsi nommée que par rapport au front d'où l'on part, en changeant de direction par un demi-à-droite (ou un demi-à-gauche), pour arriver à un point déterminé vers la droite ou vers la gauche.

MARCHE OBLIQUE, est celle par laquelle on se porte en avant, en gagnant du terrain vers l'un de ses flancs sans changer de front. On en distingue deux sortes: *la marche oblique individuelle*, et *la marche oblique par troupe.*

La *marche oblique individuelle* est celle qui s'exécute par un mouvement particulier de chaque cavalier.

La *marche oblique par troupe* est celle qui s'exécute par un mouvement d'ensemble de chacune des subdivisions d'une troupe en bataille.

MARCHE CIRCULAIRE est celle qu'on exécute en décrivant un cercle ou une portion de cercle.

CONTRE-MARCHE, est un mouvement par lequel les cavaliers des deux rangs, après avoir fait successivement un à-droite ou un à-gauche, viennent se reformer, face en arrière, parallèlement à la première formation.

Charge, est une marche directe, vive, impétueuse, dont l'ennemi est le but.

Tirailleurs (Éclaireurs ou Flanqueurs), sont les cavaliers dispersés en avant, en arrière, ou sur les flancs d'une troupe, pour couvrir ses mouvements ou sa position.

Obstacle, s'entend d'un accident de terrain qui oblige une troupe en bataille à ployer une partie de son front.

Défilé, s'entend de tout passage qui oblige une troupe en bataille à se ployer en colonne, ou une troupe en colonne à diminuer son front.

Évolutions, sont les mouvements réguliers par lesquels un régiment passe d'un ordre à un autre.

On appelle *évolutions de ligne* ces mêmes mouvements exécutés par plusieurs régiments, sur une ou plusieurs lignes. Leur application combinée avec la position ou les mouvements de l'ennemi, s'appelle *manœuvres*.

Commandement. On en distingue trois sortes :

Le commandement d'*avertissement*, qui est GARde à vous. Il sert de signal pour prendre l'immobilité et prêter attention.

Le commandement *préparatoire*. Il indique le mouvement qui va se faire ;

C'est à ce commandement que les cavaliers *rassemblent* leurs chevaux.

Le commandement d'*exécution*, qui est MARCHE ou HALTE.

Le ton de commandement doit être animé, distinct, et d'une étendue de voix proportionnée à la troupe que l'on commande.

On prononce le commandement GARde *à vous* dans le haut de la voix, en appuyant sur la première syllabe, et prolongeant la dernière.

Les commandements d'*exécution* sont prononcés d'un ton plus ferme que les commandements *préparatoires*. On les prolonge, parce que, le mouvement qui doit les suivre se communiquant de l'homme au cheval, on évite par-là toute espèce de saccade et d'à-coup.

Les commandements d'avertissement et préparatoires sont distingués par des lettres italiques et minuscules; ceux d'exécution par des minuscules seulement.

Pour quelques mouvements, ainsi que pour l'instruction de détail, il y a des commandements et des finales de commandements qui déterminent une exécution ; on leur applique ce qui est prescrit pour les commandements d'exécution.

Dans l'exercice à pied et le maniement des armes, la partie du commandement qui détermine l'exécution doit être prononcée d'un ton ferme et bref.

Les commandements préparatoires qui par leur longueur deviennent difficiles à être prononcés de suite, doivent être coupés en deux ou trois parties, en observant une progression ascendante dans le ton du commandement, mais toujours de manière que celui d'exécution soit plus énergique et plus élevé (la progression ascendante est indiquée par la dimension plus grande des caractères. Les coupures sont indiquées par des tirets : ===). On ne prononce pas les parties de commandement placées entre deux parenthèses.

Les variétés de commandements préparatoires, très nombreux, sont nécessaires pour éviter la monotonie et les faire reconnaître par l'intonation seule. Les commandements, bien connus, *cavalier en avant et cavalier à droite, marche*, servent de type ; le premier à tous ceux qui se terminent par une syllabe pleine, parce qu'on doit appuyer sur la dernière syllabe. Le second, à tous ceux qui se terminent par une syllabe muette, parce qu'on doit appuyer sur l'avant dernière.

Ceux qui doivent être coupés ont pour type re-posez-*vous sur vos armes*, et ont leurs premières parties écrites de la même manière, c'est à dire comme *reposez-vous* afin qu'elles soient prononcées sur le même ton. Enfin les inflexions de voix auront lieu d'après les dimensions des lettres formant les différentes syllabes des commandements.

Temps, en instruction de détail, est une action d'exercice qui s'exécute à un commandement ou partie de commandement, et qui se divise en *mouvements*, pour en démontrer le mécanisme et en faciliter l'exécution.)

Sonneries, sont les signaux de trompette indiquant à la troupe les mouvements, ou les détails de service, qu'elle doit exécuter.

ARTICLE X.

SONNERIES.

(Le cahier des sonneries est placé à la fin de l'ordonnance complète.

1. La générale.
2. Le boute-selle.
3. Le boute-charge.
4. A cheval.
5. L'appel.
6. L'assemblée.
7. A l'étendard.
8. La marche (elle sert aussi pour la marche à pied au pas accéléré).
9. La charge.
10. Le ralliement.
11. Le réveil.
12. Le repas des chevaux.
13. Le pansage.
14. L'abreuvoir (on sonne un demi-appel).
15. La soupe.

16. Le rassemblement de la garde.
17. Le ban.
18. La fermeture du ban.
19. A l'ordre.
20. A l'ordre pour les maréchaux-des-logis-chefs.
21. A l'ordre pour les fourriers.
22. La réunion des trompettes.
23. La retraite.
24. Pour éteindre les feux.
25. Appel des consignés.
26. Les corvées.
27. Les distributions.
28. L'instruction.
29. Le rassemblement du régiment à pied. (On sonne 4 appels).
30. Le pas ordinaire.
31. Pour faire cesser le feu.
32. Pour faire rentrer les officiers à leur place de bataille après le feu.

Pour le Service des Tirailleurs.

1. En avant.
2. Halte.
3. A gauche.
4. A droite.
5. Demi-tour.
6. Ralliement des tirailleurs sur leur chef.
7. Au trot.

8. Au galop.
9. Au pas.
10. Pour faire commencer ou cesser le feu (On
sonne un demi-appel.

Application des principes indiqués aux bases d'instruction et dans la méthode prescrite à l'École du cavalier à pied (Nº 1) pour donner la leçon.

L'instructeur, pour démontrer, commence d'abord par faire d'un ton ferme et élevé, mais différent de celui de commandement, l'indication du mouvement à exécuter, avec le nombre de temps et de mouvements; il donne ensuite l'explication littérale en parlant posément, appuyant davantage sur les membres de phrases qui renferment un sens et plus particulièrement sur les commandements qui se présentent dans le détail; exécute lui-même, s'il y a lieu, puis fait le commandement tel qu'il se trouve placé à la suite du mouvement expliqué.

Lorsque l'instructeur croit le détail insuffisant pour l'exécution correcte du mouvement, ou si l'exécution a été mauvaise, c'est dans le texte des observations qu'il puise les expressions nécessaires, soit pour se faire mieux comprendre, soit pour corriger les fautes ou les défauts de chacun.

L'indication préalable du mouvement se fait toujours lorsqu'on donne l'explication littérale, ou lorsque l'exécution a lieu par temps et mouvements sans explication; quand ensuite le mécanisme du mouvement est compris, l'instructeur le fait exécuter par le commandement seulement, c'est à dire sans avertissements préparatoires et sans indication de temps ni de mouvements; alors dans ce cas les cavaliers l'exécutent en un seul temps, en passant par tous les mouvements, sans s'arrêter sur aucun.

TITRE II.

INSTRUCTION A PIED.

ÉCOLE DU CAVALIER A PIED.

1. — Cette École ayant pour objet l'instruction individuelle et progressive des recrues, l'instructeur ne fait jamais exécuter un mouvement avant d'en avoir donné l'explication littérale; et il exécute le mouvement qu'il commande, afin de joindre l'exemple au principe. Il accoutume l'homme de recrue à prendre de lui-même la position démontrée, ne le touche pour la rectifier que lorsque son défaut d'intelligence l'exige, et veille à ce que tous les mouvements soient exécutés avec calme et sans précipitation.

Chacun des mouvements doit être parfaitement compris avant de faire passer à un autre. Lorsqu'ils ont été bien exécutés, en suivant la série indiquée dans chaque leçon, l'instructeur ne s'astreint plus à cet ordre; il doit, au contraire, l'intervertir pour juger de l'intelligence des cavaliers.

Ire LEÇON.

Ire PARTIE.	IIe PARTIE.
Position du cavalier à pied.	Pas ordinaire.
Tête à droite, tête à gauche.	Marquer le pas.
	Changer le pas.
A droite, à gauche.	A droite ou à gauche en marchant.
Demi-tour à droite.	Quart d'à-droite ou quart d'à-gauche en marchant.
Quart d'à-droite, quart d'à-gauche.	Pas accéléré.
	Pas en arrière.

PREMIÈRE PARTIE.

2. — Les premiers principes de la position et ceux de la marche sont donnés, autant que possible*, homme par homme, ou au plus à quatre cavaliers à la fois. Dans ce dernier cas, ils sont placés sur la même ligne à 1 mètre (3 pieds) l'un de l'autre, sans exiger qu'ils s'alignent entre eux.

Le cavalier est en veste d'écurie et bonnet de police.

3.   Position du Cavalier à pied.

Le cavalier prendra la position à mesure qu'elle sera détaillée ;

Les talons sur la même ligne et rapprochés autant que la conformation de l'homme le permet ;

Les pieds un peu moins ouverts que l'équerre, également tournés en dehors ;

Les jarrets tendus sans les raidir ;

Le corps d'aplomb sur les hanches, et un peu penché en avant ;

Les épaules effacées et également tombantes ;

Les coudes près du corps ;

La paume de la main un peu tournée en dehors, le petit doigt le long de la couture du pantalon ;

La tête droite sans être gênée ;

Le menton rapproché du col sans le couvrir ;

Les yeux fixés droit devant eux.

4. — *Les talons sur la même ligne :* parce que s'il y en avait un plus reculé l'un que l'autre, l'épaule du même côté serait en arrière.

Les pieds un peu moins ouverts que l'équerre : parce que, si les pieds étaient trop tournés en dehors, le haut du corps ne pourrait être porté en avant sans que la position devînt chancelante.

Egalement tournés en dehors : parce que, si un pied était plus en dehors que l'autre, l'épaule du même côté serait en arrière.

Les jarrets tendus sans les raidir : parce que, si l'homme les raidissait, il en résulterait de la gêne et de la fatigue.

Le corps d'aplomb sur les hanches : parce que c'est le seul moyen de donner à l'homme un parfait équilibre. (L'instructeur doit observer que la plupart des recrues ont la mauvaise habitude de pencher une épaule, de creuser un côté, ou d'avancer une hanche.)

Le haut du corps un peu penché en avant : parce que les hommes de recrue ont l'habitude de creuser les reins, d'avancer le ventre, et de renverser les épaules. Il est essentiel de prévenir ce vice de position ou de le détruire ; car il

met le cavalier hors de son aplomb. (Pour s'assurer qu'un cavalier a le haut du corps bien placé, il faut lui appuyer le doigt contre la poitrine ; si sa position est bonne, il résiste à la pression.)

Les épaules effacées : parce que, si l'homme avait les épaules en avant et le dos voûté, défauts ordinaires de la plupart des recrues, il ne pourrait ni s'aligner, ni manier son arme avec facilité. (Il faut observer soigneusement, en faisant effacer les épaules, de ne pas les jeter trop en arrière, ce qui ferait creuser les reins.)

Les coudes près du corps et la paume de la main un peu tournée en dehors : parce qu'il importe, soit pour la perfection du port d'armes, soit pour n'occuper dans le rang que l'espace nécessaire au maniement des armes, que le cavalier ait les coudes bien placés. Cette position des coudes et des mains remplit l'un et l'autre objet, et a de plus l'avantage de faire effacer les épaules.

La tête droite sans être gênée : parce que, si elle penchait, elle ferait baisser l'épaule du même côté, et que s'il y avait de la raideur, elle se communiquerait à toute la partie supérieure du corps dont elle gênerait les mouvements.

Les yeux fixés droit devant eux : parce qu'en tournant les yeux on finit par tourner la tête du même côté ; la tête directe étant le plus sûr moyen de maintenir les épaules carrément, on ne peut trop s'attacher à donner aux cavaliers l'habitude de cette position.

5. — L'instructeur fait toujours reposer à la fin de chaque partie des leçons, et plus souvent s'il le juge nécessaire ; surtout dans le commencement.

Au commandement *en place* REPOS, le cavalier n'est plus astreint à garder l'immobilité ; mais il conserve toujours l'un ou l'autre pied en place.

En place ═ REPOS.

6. — Au commandement GARde à vous, le cavalier prend la position, garde l'immobilité et fixe son attention.

GARde à vous.

7.   Tête à droite.

A la dernière partie du commandement, qui est DROITE, tourner doucement la tête à droite, de manière que le coin de l'œil gauche, du côté du nez, réponde à la ligne des boutons de la veste.

Au commandement FIXE, replacer doucement la tête directe.

> *Tête* === (à) DROITE.
> FIXE.

8.   Tête à gauche.

Le mouvement s'exécute suivant les mêmes principes que *Tête à droite* et par les moyens inverses.

> *Tête* === (à) GAUCHE.
> FIXE.

9. — L'instructeur veille à ce que le mouvement de la tête n'entraîne pas les épaules, ce qui pourrait arriver si on brusquait le mouvement, ou si on tournait la tête plus qu'il n'est indiqué.

Le cavalier ne devant tourner la tête que pour s'aligner, et dans les mouvements de conversion, il importe de l'habituer à ne la tourner que fort peu.

10. — Au commandement REPOS, le cavalier n'est plus astreint à garder l'immobilité, ni à rester en place.

> REPOS.

11. — L'instructeur commande fréquemment REPOS et en profite quelquefois pour questionner le cavalier sur les instructions qu'il a reçues.

12. A droite, 1 temps.

Aux commandements *cavalier à droite* ⹀ DROITE, soulever légèrement le pied droit, tourner sur le talon gauche en élevant un peu la pointe du pied, et replacer de suite le talon droit à côté du gauche et sur la même ligne.

Cavalier à DROITE ⹀ (à) DROITE.

13. A gauche, 1 temps.

Le mouvement s'exécute suivant les mêmes principes que pour faire l'*à droite*.

Cavrlier à GAUCHE ⹀ (à) GAUCHE.

14. Demi-tour à droite, 2 temps.

A la première partie du commandement, qui est CAVALIER DEMI-TOUR, faire un *demi à droite* sur le talon gauche, en portant le pied droit en équerre, derrière le gauche, le coude-pied droit vis à vis et à 8 centimètres (3 pouces) du talon.

CAVALIER DEMI-TOUR.

A la dernière partie du commandement, qui est DROITE, tourner sur les deux talons pour faire face en arrière, élevant un peu la pointe des pieds, les jarrets tendus, et rapporter le pied droit à côté du gauche.

(à) DROITE.

15.   Quart d'à-droite, *1 temps.*

Aux commandements *cavalier oblique à droite* === DROITE, soulever légèrement le pied droit, tourner sur le talon gauche en élevant un peu la pointe du pied, et replacer de suite le talon droit à côté du gauche et sur la même ligne, ayant l'attention de n'exécuter qu'un *quart d'à droite* ou *d'à-gauche.*

     Cavalier oblique à DROITE === (à) DROITE.

16. — L'instructeur exige que ces mouvements ne dérangent pas la position du corps.

17. — Quart d'à-gauche, *1 temps.*

Le mouvement s'exécute suivant les mêmes principes que pour faire le *quart d'à-droite.*

     Cavalier oblique à GAUCHE === GAUCHE.

DEUXIÈME PARTIE.

18.   Pas ordinaire.

Pour expliquer les principes et le mécanisme du pas, l'instructeur se place à 8 ou 10 pas en avant, faisant face au cavalier; lui-même exécute lentement le pas.

La longueur du pas ordinaire est de 2/3 de mètre (2 pieds) mesurés d'un talon à l'autre; sa vitesse est de 76 par minute.

Au commandement *cavalier en* AVANT porter le poids du corps sur la jambe droite.

Au commandement MARCHE, porter vivement

et sans secousse le pied gauche en avant, à 2|3 de mètre (2 pieds) du droit, le jarret tendu ; la pointe du pied un peu baissée et légèrement tournée en dehors ainsi que le genou, le haut du corps en avant ; marquer dans cette position un léger temps d'arrêt ; poser, sans frapper, le pied gauche à plat précisément à la distance où il se trouve du pied droit, tout le poids du corps se portant sur le pied qui pose à terre ; passer vivement et sans secousse la jambe droite en avant, le pied près de terre ; le poser à la même distance et de la manière qu'il vient d'être expliqué pour le pied gauche, et continuer de marcher sans que les jambes se croisent, sans que les épaules tournent, et la tête toujours directe.

Cavalier en AVANT.

MARCHE.

19. — *Le poids du corps sur la jambe droite :* pour disposer l'homme à former plus vivement son premier pas.

La pointe du pied un peu baissée : parce que la pointe du pied baissée fait tendre le jarret et dispose le pied à poser à plat.

La pointe du pied légèrement tournée en dehors : parce que, si l'on tournait le pied trop en dehors, le corps serait sujet à chanceler, et qu'on risquerait de s'accrocher avec les éperons.

Le haut du corps en avant : afin que le poids du corps porte sur le pied qui pose à terre, que le pied qui est en arrière puisse se lever aisément, et que le pas ne soit pas raccourci.

Le jarret tendu : parce qu'une troupe ne pouvant, sans se gêner et se désunir, marcher comme si chaque homme était isolé, il est nécessaire que les cavaliers de recrue apprennent à marcher un pas marqué et cadencé, sans quoi il n'y aurait pas d'ensemble.

Poser le pied à plat sans frapper : pour éviter le balancement du corps et le raccourcissement du pas, qui aurait lieu si le talon posait à terre le premier, ou si l'on frappait en posant le pied.

Le pied près de terre : parce que, si les cavaliers levaient trop la jambe, il perdraient du temps, se fatigueraient inutilement, et les pieds ne poseraient pas en même temps.

La tête directe : parce que cette position de la tête empêche les épaules de tourner, et fait que le cavalier marche carrément.

20. — Le cavalier ayant fait quelques pas.

Au commandement HALTE, rapporter le pied qui est en arrière à côté de l'autre, sans frapper.

CAVALIER

HALTE.

L'instructeur fait le commandement HALTE à l'instant ou l'un ou l'autre pied va poser à terre.

21. — L'instructeur marque de temps en temps la cadence du pas par le commandement *un*, à l'instant où le cavalier lève le pied, et par celui *deux*, à l'instant où il doit le poser, en observant de régler cette cadence à raison de 76 par minute. Pour juger si tous les principes sont exactement suivis, il se place souvent à 10 ou 12 pas en avant, faisant face au cavalier. Quand celui-ci commence à bien soutenir le pas, on le fait marcher quelque temps sans l'arrêter, pour le confirmer dans ces principes.

22.   Marquer le pas.

Le cavalier étant en marche, aux commandements *marquez* le PAS === MARCHE, rapporter les

talons l'un à côté de l'autre et marquer la cadence du pas en levant alternativement l'un et l'autre pied sans avancer.

Marquez le PAS.

MARCHE.

L'instructeur fait le commandement MARCHE à l'instant où le pied va poser à terre.

23. — Pour reporter le cavalier en avant.

Au commandement *cavalier en* AVANT MARCHE, le cavalier reprend le pas de 2/3 de mètre (2 pieds.)

Cavalier en AVANT.

MARCHE.

L'instructeur fait le commandement MARCHE, à l'instant où le pied va poser à terre.

24.   Changer le pas.

Le cavalier étant en marche, aux commande-ments *changez le* PAS === MARCHE, rapporter à côté du pied qui est en avant celui qui est en ar-rière, et repartir du pied qui était en avant.

Changez le PAS.

MARCHE.

L'instructeur fait le commandement MARCHE à l'instant où le pied va poser à terre.

Par ce moyen on apprendra au cavalier à reprendre le pas lorsqu'il l'a perdu.

25. — A droite (ou à gauche) en marchant.

Aux commandements *cavalier à* DROITE ===

MARCHE, tourner le corps à droite et partir du pied droit dans la nouvelle direction, sans perdre la cadence du pas.

Cavalier à DROITE (ou à GAUCHE.)

MARCHE.

L'instructeur fait le commandement MARCHE à l'instant où le pied gauche va poser à terre.

Quand c'est à gauche, le commandement MARCHE se fait à l'instant où le pied droit arrive à terre. Par ce moyen, le cavalier entame toujours la nouvelle direction avec la jambe du côté vers lequel il tourne.

26. Quart d'à-droite (ou quart d'à-gauche) en marchant.

Aux commandements *cavalier oblique à* DROITE (ou à GAUCHE) MARCHE, le cavalier exécute un *quart d'à-droite* (ou *d'à-gauche*), et il se porte droit devant lui.

Cavalier oblique à DROITE (ou à GAUCHE.)

MARCHE.

Pour faire reprendre la direction primitive :

A la dernière partie du commandement *en* ═ AVANT qui est AVANT, le cavalier exécute un quart d'à-gauche (ou *d'à-droite*), et il se porte droit devant lui.

En ═ AVANT.

On se conforme, pour faire le commandement MARCHE, à ce qui est prescrit pour les *à-droite* ou *à-gauche* en marchant. (25).

27.   Pas accéléré.

La longueur du pas accéléré est la même que celle du pas ordinaire, sa vitesse est de 100 par minute.

Aux commandements *cavalier en* AVANT === PAS *accéléré* === MARCHE, partir vivement du pied gauche, et prendre le pas de 100 par minute.

Cavalier en AVANT.

PAS *accéléré.*

MARCHE.

28. — L'impulsion du pas accéléré disposant l'homme de recrue à ployer les jarrets et à raccourcir le pas, l'instructeur doit régler la cadence et la mesure, et habituer le cavalier à conserver le corps d'aplomb.

29. — Le cavalier est exercé, en marchant au pas accéléré, à arrêter, à marquer le pas, à se porter en avant, à changer le pas, à faire des à-droite, des à-gauche, des quarts d'à-droite, des quarts d'à-gauche, et à se reporter en avant, aux commandements et suivant les principes prescrits au pas ordinaire.

30. — Pour faire passer du pas accéléré au pas ordinaire.

Le cavalier marchant au pas ordinaire, aux commandements *pas ordinaire* === MARCHE, le cavalier prend le pas ordinaire.

Pas ordinaire.

MARCHE.

31. — Pour faire passer du pas ordinaire au pas accéléré.

Le cavalier marchant au pas ordinaire, aux commandements *pas accéléré* === MARCHE, le cavalier reprend le pas accéléré.

Pas accéléré.

MARCHE.

32. — Dans tous les changements de pas, l'instructeur fait le commandement MARCHE, au moment où le pied va poser à terre, afin que le cavalier ait le temps de prendre de l'autre jambe le pas commandé.

33. Pas en arrière.

Le pas en arrière est d'un tiers de mètre (1 pied) mesuré d'un talon à l'autre.

Aux commandements *cavalier en arrière* === MARCHE, porter le pied gauche en arrière à 1/3 de mètre (1 pied); retirer et porter le pied droit également en arrière, et ainsi successivement jusqu'aux commandements *cavalier* === HALTE. Au commandement HALTE, rapporter le pied qui est en avant à côté de l'autre, sans frapper.

Cavalier en arrière.

MARCHE.

Après quelques pas seulement :

Cavalier.

HALTE.

L'instructeur veille à ce que le cavalier se porte bien droit en arrière, ne creuse pas les reins en renversant les épaules, et conserve toujours l'aplomb et la position du corps.

DEUXIÈME LEÇON.

| 1re PARTIE. | 2me PARTIE. |

1re PARTIE.

Principes du port d'armes.

Travail de pied ferme au port d'armes et Marche au port d'armes.

2me PARTIE.

Maniement des armes.

Charge en dix temps.

Charge à volonté

Des feux. { Position du 1er rang. Position du 2e rang.

Principes du port de la lance.

Maniement de la lance.

PREMIÈRE PARTIE.

34. — Cette leçon est donnée, autant que possible, homme par homme, ou au plus à 4 cavaliers à la fois. Dans ce dernier cas, ils sont placés sur un rang à 1 mètre (3 pieds) l'un de l'autre.

35. Le cavalier armé de son mousqueton ou fusil est en veste d'écurie, bonnet de police, giberne, porte mousqueton, la baguette du mousqueton accrochée à la bretelle du sabre; il est sans sabre. Le lancier armé de sa lance est également sans sabre. Les carabiniers et les cuirassiers n'ayant pas le mousqueton ont le sabre.

36. Principes du port d'armes.

L'arme dans le bras droit

(Chasseurs , hussards) et au défaut de l'épaule, le canon d'aplomb, la sous-garde en avant ; le bras légèrement ployé, sans écarter le coude, de manière que le bout du canon dépasse l'aisselle de 8 centimètres (3 pouces) ; la-

(Dragons) le canon d'aplomb et appuyé au défaut de l'épaule, la sous-garde en avant , le bras légèrement ployé sans écarter le coude ; la-

== main droite embrassant la platine , le pouce au-dessus de la sous-garde , le premier doigt dessous, les autres sous le chien , la contre-platine sur la couture du pantalon , la main gauche pendante sur le côté.

37. — Le cavalier de recrue étant sujet à porter le corps en arrière, à baisser l'épaule droite ou à trop écarter le coude, il faut lui ôter quelquefois l'arme pour rectifier sa position.

38. Reposez-vous sur vos armes , 1 temps, 3 mouvements.

A la dernière partie du commandement, qui est ARMES, détacher l'arme avec la main droite perpendiculairement et à 11 centimètres (4 pouces) de l'épaule, la saisir en même temps de la main gauche à l'embouchoir. (Drag. à la capucine).

Reposez-vous == (*sur vos*) ARMES.

Au commandement DEUX , saisir l'arme avec la

main droite à 8 centimètres (3 pouces) au-dessus de la main gauche.

DEUX.

Au commandement TROIS, abandonner l'arme de la main gauche qui se replace vivement sur le côté ; alonger le bras droit, laisser glisser l'arme dans la main droite jusqu'à terre ; sans frapper ; le talon de la crosse à 5 centimètres (2 pouces) et à hauteur de la pointe du pied droit ; le coude près du corps ; le canon entre le pouce et les trois premiers doigts alongés, le petit doigt derrière le canon.

TROIS.

39. Portez vos armes 1 temps 3 mouvements.

A la dernière partie du commandement qui est ARMES, élever l'arme avec la main droite perpendiculairement le-

(**Ch. hus.**) bout du canon à 11 centimètres (4 pouces) de l'épaule, saisir l'arme de la main gauche à l'embouchoir.	(**Drag.**) canon détaché à 11 centimètres (4 pouces) de l'épaule, saisir l'arme de la main gauche à la capucine, le pouce alongé.

Portez === (*vos*) ARMES.

Au commandement DEUX, descendre la main droite, la placer à la platine, le pouce au-dessus

de la sous-garde, le premier doigt dessous, les autres sous le chien.

DEUX.

Au commandement TROIS, appuyer l'arme à l'épaule avec la main droite, et replacer vivement la main gauche sur le côté.

TROIS.

(LANCIERS).

40. Principes du port de la lance.

La lance perpendiculairement dans la main droite qui la tient à 2|3 de mètre (2 pieds) du bout, le bras presqu'étendu, le poignet renversé, le pouce en avant sur la hampe, le premier doigt allongé sur le côté, les autres derrière; le bout de la lance à 5 centimètres (2 pouces) de terre, la hampe fixée au défaut de l'épaule, la main gauche pendante sur le côté.

41.   Reposez-vous sur vos lances,

1 temps.

A la dernière partie du commandement, qui est LANCES, laisser glisser la lance jusqu'à terre dans la main droite qui la saisit de suite à hauteur du col, le coude et l'avant bras collés contre la hampe maintenue perpendiculairement, le bout à hauteur et à 3 centimètres (1 pouce) de la pointe du pied droit, la main gauche pendante sur le côté.

Reposez-vous === (*sur vos*) LANCES.

42.   Portez vos lances, 1 temps.

A la dernière partie du commandement qui est LANCES, abandonner la lance de la main droite en l'appuyant au défaut de l'épaule ; descendre la main droite, le bras étendu de toute sa longueur : saisir la lance, le poignet renversé, le pouce en avant sur la hampe, le premier doigt allongé sur le côté, les autres derrière ; élever la lance, le bout à 5 centimètres (2 pouces) de terre, en pliant légèrement le bras.

Portez == (*vos*) LANCES.

43. — Au commandement *en place* == rePOS, abandonner la lance en l'appuyant contre l'épaule droite, et replacer la main droite étendue sur la hampe.

En place == rePOS.

44. — Au commandement GARde à vous, se replacer à la position de *reposez-vous sur vos lances.*

GARde à vous.

45.   Travail de pied ferme au port d'armes, et marche au port d'armes.

L'instructeur fait exécuter au cavalier les mouvements de la première leçon, en veillant à ce qu'il conserve toujours la régularité du port d'armes.

Les carabiniers et les cuirassiers exécutent les mouvements détaillés au maniement du sabre (3e leçon) : ensuite ils sont exercés ayant le sabre à l'épaule à tous les mou-

vements de la première leçon. L'instructeur veille à ce que
le port du sabre soit régulier.

DEUXIÈME PARTIE.

46. — Les carabiniers et cuirassiers continuent d'être
exercés au maniement du sabre.

Maniement des armes.

47. — L'exécution de chaque commandement ou partie de
commandement forme *un temps* ; mais ce *temps* se divise
en *mouvements* pour en démontrer le mécanisme et en
faciliter l'exécution.

La dernière syllabe d'un commandement ou d'une partie
de commandement décide l'exécution vive d'un temps
d'exercice, ou du premier mouvement de ce temps quand
il est divisé. Les commandements *deux*, *trois*, etc., déci-
dent celle des autres mouvements.

Dès que le cavalier connaît bien les mouvements d'un
temps, on lui montre à les exécuter sans s'arrêter sur
chacun; mais il en observe le mécanisme, afin d'éviter les
inconvénients de ce qu'on appelle *escamoter l'arme.*

L'instructeur porte une attention particulière à ce que
le maniement des armes ne dérange pas la position du
corps ; il n'emploie à cet exercice que la moitié du temps
de la leçon, et le reste à *la marche.*

Quand on veut faire REPOS, on fait *reposer sur les armes et mettre les armes à terre*, ce qui s'exécute comme
il est prescrit dans cette leçon (Nº 63.)

Quand on veut faire *en place* ══ REPOS, on fait d'a-
bord *reposer sur les armes;* mais si les armes sont chargés, on fait mettre l'*arme au bras.*

48. — (**Ch. et Hus.**) Toutes les fois qu'on veut faire
le maniement des armes, on commence par faire *reposer sur les armes et décrocher la baguette.* Pour
terminer on fait *reposer sur les armes et accrocher la
baguette.*

Pour le maniement des armes, 1 temps.

Au commandement POUR LE MANIEMENT DES ARMES, décrocher la baguette avec le pouce et le premier doigt de la main gauche ; laisser pendre la baguette ; replacer vivement la main gauche sur le côté.

POUR LE MANIEMENT DES ARMES.

Ce commandement n'indique aucune exécution pour les dragons ; il sera seulement commandement d'avertissement.

49. — Pour remettre la baguette au crochet.

A la dernière partie du commandement *accrochez la baguette*, qui est BAGUETTE, prendre la lanière près du bouton d'assemblage avec le pouce et le premier doigt de la main droite ; les glisser jusqu'à la baguette, l'accrocher et replacer vivement la main gauche sur le côté.

Accrochez === (*la*) BAGUETTE.

50. — Le cavalier étant au port d'armes.

Présentez vos armes, 1 temps.

A la dernière partie du commandement, qui est ARMES, apporter l'arme avec la main droite vis à vis le milieu du corps, le canon d'aplomb, la sous-garde en avant, l'avant-bras collé au corps sans être gêné ; saisir l'arme de la main gauche au-dessus et contre la platine, le pouce allongé sur le canon (*ch. hus.* contre la tringle), le poignet à hauteur du coude; la main droite, quittant alors la sous-garde, saisit la poignée, les doigts allongés.

Présentez ══ (*vos*) ARMES.

51.   Portez vos armes, 1 temps.

A la dernière partie du commandement, qui est ARMES, placer la main droite à la sous-garde, rapporter l'arme avec la main droite contre l'épaule, le canon d'aplomb, et replacer en même temps la main gauche sur le côté.

Portez ══ (*vos*) ARMES.

52.   L'arme au bras, 1 temps, 4 mouvements.

la dernière partie du commandement, qui est BRAS, détacher l'arme avec la main droite, perpendiculairement et à 11 centimètres (4 pouces) de l'épaule, la saisir en même temps de la main gauche à l'embouchoir. (*Drag.* à la capucine).

L'arme ══ (*au*) BRAS.

Au commandement DEUX, élever l'arme avec les deux mains, en la tournant le canon en avant, pour la placer vis à vis le défaut de l'épaule gauche, la main gauche à hauteur du col, le pouce

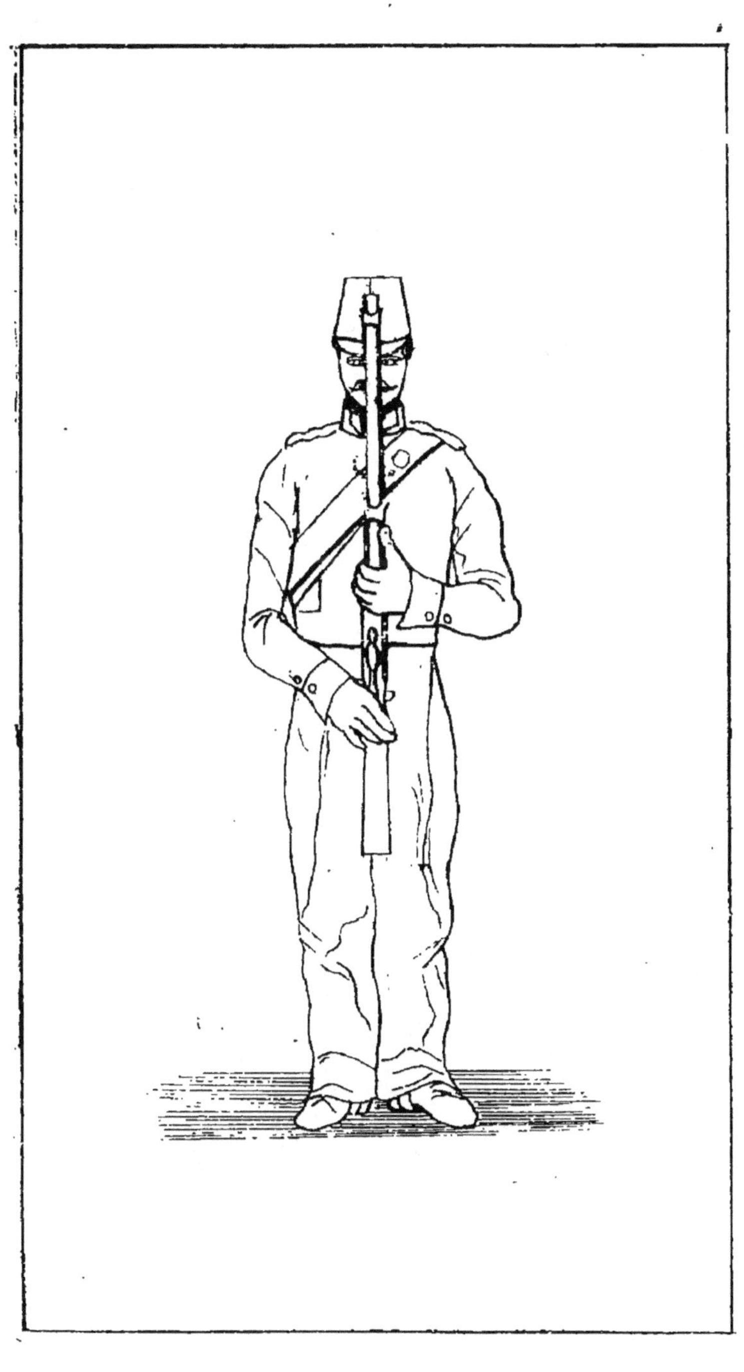

allongé , glisser la main droite jusqu'à la naissance de la crosse dont le plat s'appuie à la hanche.

DEUX.

Au commandement TROIS , placer l'avant-bras gauche sur la poitrine, le chien appuyé sur l'avant-bras , la main à plat sur le téton droit , les doigts joints , le pouce détaché.

TROIS.

Au commandement QUATRE , replacer vivement la main droite sur le côté.

QUATRE.

53.   Portez vos armes, 1 temps,
4 mouvements.

A la dernière partie du commandement, qui est ARMES , saisir l'arme avec la main droite à la naissance de la crosse.

Portez === (*vos*) ARMES.

Au commandement DEUX , détacher l'arme de l'épaule à 11 centimètres (4 pouces); placer la main gauche à l'embouchoir (*Drag.* capucine), le pouce allongé , l'avant-bras contre la platine.

DEUX.

Au commandement TROIS , descendre l'arme avec les deux mains en la tournant, la sous-garde en avant ; l'apporter perpendiculairement vis à vis et à 11 centimètres (4 pouces) de l'épaule droite , la main gauche un peu au-dessus de la hanche droite ; la main droite se replaçant à la platine.

TROIS.

Au commandement QUATRE, appuyer l'arme à l'épaule avec la main droite, et replacer vivement la main gauche sur le côté.

QUATRE.

54. L'arme sur l'épaule droite, 1 temps, 2 mouvements.

A la dernière partie du commandement, qui est DROITE, détacher l'arme perpendiculairement à 11 centimètres (4 pouces) de l'épaule avec la main droite, en l'élevant un peu, et la saisir de la main gauche à la poignée.

L'arme sur l'épaule —— DROITE.

Au commandement DEUX, ressaisir l'arme avec la main droite à la crosse, la placer sur l'épaule droite, la platine en dehors, le bout du canon en l'air dirigé en arrière à gauche, et replacer vivement la main gauche sur le côté.

DEUX.

55. Portez vos armes, 1 temps, 2 mouvements.

A la dernière partie du commandement, qui est ARMES, redresser l'arme avec la main droite en la saisissant de la main gauche à la poignée, la sous-

garde en avant; et la descendre perpendiculairement, la main droite se replaçant à la platine.

Portez === (*vos*) ARMES.

Au commandement DEUX, appuyer l'arme à l'é-
paule avec la main droite et replacer vivement la
main gauche sur le côté.

DEUX.

56. L'arme sous le bras droit, 1 temps, 3 mouvements.

A la dernière partie du commandement, qui est
DROIT, détacher l'arme perpendiculairement à 11
centimètres (4 pouces) de l'épaule avec la main
droite, en l'élevant un peu, et la saisir de la main
gauche à la poignée.

L'arme sous le bras === DROIT.

Au commandement DEUX,

(**Ch. Hus.**) saisir l'arme avec la main droite, au-dessus et contre la pla-tine, le pouce allongé contre la tringle.

(**Drag.**) saisir l'arme avec la main droite à la capucine.

DEUX.

Au commandement TROIS,

(**Ch. Hus.**) chasser la crosse sous le bras avec la main droite, le canon en dessous, la

(**Drag.**) chasser la crosse sous le bras avec la main gauche, en tour-nant l'arme avec les deux platine au dessus de la hanche, la sous-garde touchant le corps, le bout du canon dirigé vers la terre, replacer vivement la main gauche sur le côté.

mains, le canon en dessous, la platine au dessus de la hanche, la sous-garde touchant le corps, le bout du canon dirigé vers la terre, le pouce de la main droite sur la baguette pour la contenir, replacer vivement la main gauche sur le côté.

TROIS.

57.   Portez vos armes, 1 temps,
5 mouvements.

A la dernière partie du commandement, qui est ARMES, redresser l'arme avec la main droite, en la tournant la sous-garde en avant, la platine en dehors, la main droite à hauteur du téton, le pouce allongé

(**Ch. Hus.**) contre la tringle, la saisir de la main gauche à la naissance de la crosse.

(**Drag.**) sur le bois, la saisir de la main gauche à la naissance de la crosse.

Portez ═ (*vos*) ARMES.

Au commandement DEUX, descendre l'arme perpendiculairement avec la main gauche, la droite se replaçant à la platine.

DEUX.

Au commandement TROIS, appuyer l'arme à l'é-
paule avec la main droite, et replacer vivement
la main gauche sur le côté.

TROIS.

(CHASSEURS ET HUSSARDS.)

58. — Le cavalier étant à la position de *reposez-vous
sur vos armes*.

59. Accrochez le mousqueton, 1 temps,
2 mouvements.

A la dernière partie du commandement, qui est
MOUSQUETON, élever l'arme perpendiculairement
avec la main droite, et la placer dans la main gauche, qui la saisit au-dessous de l'embouchoir, le
pouce allongé, le canon en avant; incliner l'arme
à droite, de manière que les anneaux soient
pendants, la main gauche à hauteur et vis à vis du
col; de la main droite amener le crochet en avant,
le pouce appuyé sur le petit côté pour l'ouvrir;
l'engager dans les anneaux.

Accrochez === (*le*) MOUSQUETON.

Au commandement DEUX, saisir avec la main
droite l'arme à la poignée; l'abandonner de la
main gauche qui se replace sur le côté; faire passer l'arme derrière soi en baissant le bout du ca-

non; chasser la crosse en arrière, et replacer vivement la main droite sur le côté.

DEUX.

66. Décrochez le mousqueton, 1 temps, 2 mouvements.

A la dernière partie du commandement, qui est
MOUSQUETON, saisir l'arme à la poignée avec la
main droite, l'élever, la ressaisir de la main gauche au-dessous de l'embouchoir, le pouce allongé,
la main à hauteur et vis à vis du col; incliner l'arme à droite, dégager le crochet des anneaux avec
la main droite, et le repousser de suite en arrière.

Décrochez === (*le*) MOUSQUETON.

Au commandement DEUX, saisir avec la main
droite l'arme au-dessus et près de la main gauche;
la descendre en la tournant, et se replacer à la position de *reposez-vous sur vos armes.*

DEUX.

(DRAGONS.)

61. Fusil à la grenadière, 1 temps, 2 mouvements.

A la dernière partie du commandement, qui est
GRENADIÈRE, défaire la boucle de la bretelle et la
faire couler jusqu'à la capucine avec les deux
mains, soutenant l'arme avec le bras droit, saisir

le fusil à la capucine ; l'élever en travers au-dessus de la tête, le bout du canon à gauche et plus élevé que la crosse , la platine en dessus , la bretelle pendante.

Fusil == (*à la*) GRENADIÈRE.

Au commandement DEUX , passer la tête et le bras droit entre la bretelle et le fusil , laisser tomber l'arme à droite , la main droite se plaçant sur la crosse , pour la pousser en arrière ; placer la main droite sur le côté.

DEUX.

62. Replacez le fusil, 1 temps , 2 mouvements.

A la dernière partie du commandement , qui est FUSIL , saisir l'arme à la poignée avec la main droite , la tirer en avant pour passer le bras droit entre le corps et le fusil , le saisir de la même main en dessous et contre la capucine.

Replacez == (*le*) FUSIL.

Au commandement DEUX , passer le fusil en travers par dessus la tête, et placer la crosse à terre près du pied droit ; tendre la bretelle et prendre la position de *reposez-vous sur vos armes*.

DEUX,

(CHASSEURS, HUSSARDS, DRAGONS.)

63.   L'arme à terre, 1 temps,
2 mouvements.

A la dernière partie du commandement, qui est ARMES, tourner l'arme avec la main droite, la contre-platine en avant ; courber le corps, avancer le pied gauche, le talon vis à vis de

(**Ch. Hus.**) l'embouchoir, poser l'arme à terre droit devant soi, la sous-garde près de terre, le

(**Drag.**) la capucine, poser l'arme à terre droit devant soi, le

talon de la crosse restant à hauteur de la pointe du pied droit, le jarret droit un peu plié, le talon droit levé.

Au commandement DEUX, se relever, rapporter le pied gauche à côté du droit, et replacer les mains sur les côtés.

L'arme === (à) TERRE.
DEUX.

64.   Relevez vos armes, 1 temps,
2 mouvements.

A la dernière partie du commandement, qui est ARMES, courber le corps, avancer le pied gauche, le talon vis à vis de l'embouchoir (*drag.*) de la capucine.

Au commandement DEUX, relever l'arme en rapportant le pied gauche à côté du droit ; la tourner aussitôt avec la main droite, la sous-garde en avant, la main gauche se replaçant sur le côté.

Relevez === (*vos*) ARMES.

DEUX.

65. — Le cavalier étant à la position de *présentez vos armes*.

Genou à terre, 1 temps.

A la dernière partie du commandement, qui est TERRE, porter le pied droit en arrière en tournant un peu la pointe du pied gauche en dedans, mettre le genou à terre à 16 centimètres (6 pouces) en arrière et à droite du talon gauche ; l'avant-bras gauche appuyé sur la cuisse ; laisser glisser l'arme à terre sans frapper, et abandonner l'arme de la main droite, qui se place à la coiffure, le dessus de la main contre la visière, les doigts étendus et joints, le coude élevé.

Genou === (*à*) TERRE.

Portez vos armes, 2 temps.

A la première partie du commandement, qui est PORTEZ, élever l'arme de la main gauche, la saisir à la poignée avec la main droite, se relever, rapporter le pied droit à côté du gauche, et reprendre la position de *présentez vos armes*.

PORTEZ.

A la dernière partie du commandement, qui est
ARMES, porter les armes.

ARMES.

66. — Le cavalier étant à la position de *présentez vos
armes*.

Haut les armes, 1 temps.

A la dernière partie du commandement, qui est
ARMES, élever l'arme avec les deux mains, en la
tournant la platine en avant, la main droite tenant
toujours la poignée ; la main gauche ouverte, les
doigts allongés contre le bois, à hauteur et à 16
centimètres (6 pouces) du col, les coudes abattus.

Haut === (*les*) ARMES.

Pour faire revenir à la position précédente, l'instructeur
commande *au temps*.

Le cavalier étant à la position de *haut les armes*, pour
faire rompre les rangs l'instructeur commande :

Rompez vos RANGS.

MARCHE.

67.   Charge en 10 temps.

NOTA. *La cheminée du mousqueton ou fusil, doit
toujours être garnie du tampon, excepté dans le
cas où l'on exécute les feux à poudre.*

Le cavalier étant au port d'armes :

Chargez vos armes, 1 temps, 3 mouvements.

A la dernière partie du commandement, qui est

ARMES, faire un demi-à-droite sur le talon gauche, en portant le pied droit en équerre derrière le gauche, le cou-de-pied droit vis à [vis et à 8 centimètres (3 pouces) du talon, détacher l'arme perpendiculairement et à 11 centimètres (4 pouces) de l'épaule avec la main droite, en l'élevant un peu, et la saisir de la main gauche à hauteur du téton droit.

(**Ch. Hus.**) le petit doigt au dessus et contre la platine, le pouce allongé sur le bois en dessous de la tringle ; baisser le coude et saisir la poignée sans que le premier doigt quitte la sous-garde.

(**Drag.**) le pouce allongé sur le bois et contre la capucine ; baisser le coude et saisir la poignée avec la main droite, sans que le premier doigt quitte la sous-garde.

Charge en dix TEMPS.
Chargez == (*vos*) ARMES.

Au commandement DEUX, chasser avec la main droite la crosse sous le bras ; la poignée à 5 centimètres (2 pouces) au-dessous du téton droit, le coude gauche collé au corps ; le bout du canon à hauteur du menton ; le pouce de la main droite en travers de la crête du chien, le premier doigt en avant de la détente, les autres derrière la sous-garde, le coude légèrement levé.

DEUX.

Au commandement TROIS, tirer le chien en arrière, le mettre au cran du repos, en faisant sonner distinctement le cran de la noix ; porter la main droite à la giberne, l'amener sur le côté, l'ouvrir ainsi que la poche aux capsules.

TROIS.

68.   Prenez la capsule, 1 temps.

A la dernière partie du commandement qui est CAPSULE, saisir la capsule avec le pouce, et le premier doigt, les autres presque fermés, la porter près de la cheminée, les ongles en dessous, le coude appuyé sur la crosse.

Prenez ==== (*la*) CAPSULE.

69. Amorcez, 1 temps, 2 mouvements.

Au commandement AMORCEZ, baisser la tête, porter les yeux sur la cheminée, y placer la capsule, l'enfoncer avec le pouce les autres doigts fermés ; placer le pouce en travers de la crête du chien, le premier doigt en avant de la détente, les autres derrière la sous-garde.

AMORCEZ.

Au commandement DEUX, tirer le chien un peu en arrière pour le dégager du cran du repos ; appuyer le premier doigt sur la détente en soutenant le chien avec le pouce, le conduire à l'abattu ;

placer, le pouce en arrière de la crête du chien ; appuyer fortement pour enfoncer complétement la capsule (à poudre . mettre le chien au cran de sûreté en faisant sonner distinctement le cran de la noix) , saisir de suite l'arme à la poignée , le pouce en dehors , le poignet joint au corps , le coude en arrière et un peu détaché du corps.

DEUX.

70.   L'arme à gauche , 1 temps , 2 mouvements.

A la dernière partie du commandement , qui est GAUCHE, redresser l'arme avec les deux mains en étendant vivement le bras droit ; passer l'arme devant le corps en la tournant dans la main gauche, la platine en dehors, faire en même temps face en tête en tournant sur le talon gauche et portant le pied droit en avant , le talon à 8 centimètres (3 pouces) du coude-pied gauche.

L'arme === (à) GAUCHE.

Au commandement DEUX , abandonner l'arme de la main droite , la descendre , avec la gauche , le long et près du corps, l'avant-bras appuyé au-dessus de la hanche ,

(**Ch. Hus.**) la main gauche touchant la platine , la sous garde touchant la cuisse gauche

(**Drag.**) le poignet vers le milieu du corps , la crosse arrivant jusqu'à terre , la sous garde contre la jambe

5.

le bout du canon dans la direction de l'œil droit et
à 11 centimètres (4 pouces) du corps, saisir l'arme
de la main droite, à 3 centimètres (1 pouce) de l'embouchure.

, 　　　DEUX.

71.   Prenez la cartouche. 1 temps.

A la dernière partie du commandement, qui est
CARTOUCHE, porter la main droite à la giberne,
prendre une cartouche, la tenir entre le pouce et
les deux premiers doigts, repousser la giberne
en arrière et porter de suite la cartouche entre les
dents.

Prenez == (la) CARTOUCHE.

72.   Déchirez la cartouche, 1 temps.

A la dernière partie du commandement, qui est
CARTOUCHE, déchirer la cartouche jusqu'à la poudre, la tenant près de l'ouverture, entre le pouce
et les deux premiers doigts; la descendre de suite,
et saisir le bout du canon avec les deux derniers
doigts.

Déchirez == (la) CARTOUCHE.

73. Cartouche dans le canon, 1 temps.

A la dernière partie du commandement qui est
CANON, porter l'œil sur le bout du canon, renverser la main droite vers le coude en élevant le cou-

de à hauteur du poignet, et verser la poudre dans le canon; secouer la cartouche, l'enfoncer avec le premier doigt, et laisser la main renversée, les doigts joints et allongés.

Cartouche —— *(dans le)* CANON.

(CHASSEURS, HUSSARDS).

74.   Prenez la baguette, 1 temps.

A la dernière partie du commandement, qui est BAGUETTE, prendre la lanière près du bouton d'assemblage avec le pouce, et le premier doigt de la main droite, les glisser jusqu'à la baguette pour la saisir à l'anneau : l'élever et l'engager dans le canon jusqu'à la main.

Prenez —— *(la)* BAGUETTE.

75.   Bourrez, 1 temps, 2 mouvements.

Au commandement BOURREZ, enfoncer trois fois de suite avec force la baguette dans le canon, les doigts en dessous et fermés, le coude détaché du corps.

BOURREZ.

Au commandement DEUX, tirer vivement la baguette hors du canon en allongeant le bras ; la laisser tomber et ressaisir le canon avec la main droite, le pouce allongé à 3 centimètres (1 pouce) de l'embouchure.

DEUX.

(DRAGONS.)

76. Tirez la baguette, 1 temps, 2 mouvements.

A la dernière partie du commandement qui est BAGUETTE, baisser vivement le coude droit, saisir la baguette entre le pouce et le premier doigt ployé, tirer vivement la baguette en élevant le bras de sa longueur, les ongles en l'air, la ressaisir par le milieu entre le pouce et le premier doigt allongés, le dedans de la main en avant, la tourner rapidement en rasant le visage, la baguette droite, le bras tendu, les yeux fixés sur le bout de la baguette, le gros bout vis à vis l'embouchure du canon sans y être engagé.

Tirez === (la) BAGUETTE.

Au commandement DEUX, mettre le gros bout de la baguette dans le canon, et l'y faire entrer jusqu'à la main.

DEUX.

77. Bourrez, 1 temps, 2 mouvements.

Au commandement BOURREZ, étendre le bras de sa longueur en remontant, la main droite pour saisir la baguette entre le pouce allongé et les autres doigts fermés; la chasser avec force dans le canon trois fois de suite, le coude près du corps;

la ressaisir par le petit bout avec le pouce et le premier doigt allongés, les autres ployés.

BOURREZ.

Au commandement DEUX, tirer vivement la baguette en allongeant le bras, les ongles en l'air ; la ressaisir par le milieu entre le pouce et le premier doigt allongé, le dedans de la main en avant ; la tourner rapidement en rasant le visage, les yeux fixés sur le bout de la baguette : mettre le bout dans le tenon, faire glisser la baguette avec le pouce, l'enfoncer vivement, en appuyant le creux de la main sur le gros bout, replacer la main droite à 3 centimètres (1 pouce) du canon.

DEUX.

(CHASSEURS, HUSSARDS, DRAGONS.)

78. Portez vos armes, 1 temps, 2 mouvements.

A la dernière partie du commandement qui est ARMES, élever l'arme perpendiculairement avec la main gauche en la tournant, le canon à 11 centimètres (4 pouces) et vis à vis de l'épaule droite la main gauche à la hauteur

(**Ch. Hus.**) de la hanche	(**Drag.**) du téton droit

replacer la main droite à la platine, et rapporter le pied droit à côté du gauche.

Portez === (*vos*) ARMES.

Au commandement DEUX, appuyer l'arme à l'épaule avec la main droite, et replacer vivement la main gauche sur le côté.

DEUX.

69.   Charge à volonté.

Les cavaliers exécutant bien la charge en dix temps, *sont exercés à la charge à volonté.*

A la dernière partie du commandement *chargez vos armes* qui est ARMES, exécuter les dix temps de la charge sans s'arrêter sur aucun, et sans s'attendre les uns les autres.

Il faut que les cavaliers chargent leurs armes avec calme et sans précipitation ; qu'ils conservent bien la position du corps en passant exactement par tous les mouvements, notamment par ceux *d'amorcer*, *mettre la cartouche dans le canon et bourrer.*

*Charge à volon*TÉ.

Chargez === *(vos)* ARMES.

SIMPLIFICATIONS

APPORTER

A LA CHARGE EN DIX TEMPS ACTUELLE.

Actuellement que l'amorce n'est plus une partie intégrante de la cartouche, et par conséquent que l'on peut, pour l'exécution de la charge, prendre indistinctement l'une ou l'autre, il est incontestable que l'on doive commencer par charger les armes avant de les amorcer. D'abord, de cette manière, on ne craindra plus le départ de son arme, surtout à cheval, pendant l'exécution du mouvement *bourrez*.

Ensuite l'on pourra, selon les circonstances, charger l'arme seulement, c'est à dire, sans l'amorcer, et la porter ainsi sans danger, soit à pied, soit à cheval, jusqu'au premier besoin. Il n'y aura plus qu'à l'amorcer pour en faire usage en temps opportun.

Charge en 8 temps.

Nota. La cheminée du mousqueton ou du fusil doit toujours être garnie du tampon, excepté dans le cas où l'on exécute les feux à poudre.

Le cavalier étant au port d'armes :

Chargez vos armes, 1 temps, 3 mouvements.

A la dernière partie du commandement qui est ARMES, détacher l'arme perpendiculairement à 11 centimètres de l'épaule avec la main droite, en la tournant un peu, la platine en avant ; la saisir de la main gauche à pleine main

(Ch. Hus.) le petit doigt au-dessus et contre la platine.	**(Drag.)** au-dessus de la capucine.

Charge en huit TEMPS.

Chargez ══ *(vos)* ARMES.

Au commandement DEUX, abandonner l'arme de la main droite, la descendre avec la main gauche en la passant près du corps, l'avant-bras appuyé au-dessus de la hanche, le poignet vers le milieu du corps

(Ch. Hus.) la sous-garde touchant la cuisse	**(Drag.)** la crosse arrivant jusqu'à terre, la sous garde contre la jambe

le bout du canon dans la direction de l'œil droit, et à 11 centimètres (4 pouces) du corps, saisir l'arme de la main droite, à 3 centimètres (1 pouce) de l'embouchure.

DEUX.

Prenez la cartouche,
Cartouche dans le canon.
Prenez (ou tirez) la ba-
*   guette.*
Bourrez.

> Comme pour la charge actuelle.

Pour amorcer, 1 temps, 2 mouvements.

Au commandement, POUR AMORCER, élever l'arme avec la main gauche en la tournant la sous-garde en avant, le canon légèrement incliné à gauche ; l'avant bras gauche collé au corps, le côté gauche de la crosse appuyé sur la cuisse droite ; placer de suite le pouce de la main droite sur la crête du chien, le premier doigt en avant de la sous-garde, les autres derrière, embrassant la poignée, le coude légèrement levé, (*Drag.*) glisser la main gauche entre la capucine et le corps de platine.

POUR AMORCER.

Au commandement DEUX, tirer le chien en arrière, le mettre au cran du repos, en faisant sonner distinctement le cran de la noix ; porter la main droite à la giberne, l'amener sur le côté, l'ouvrir ainsi que la poche aux capsules.

DEUX.

Prenez la capsule, 1 temps.

A la dernière partie du commandement, qui est CAPSULE, saisir la capsule avec le pouce et le premier doigt, les autres presque fermés, la porter près de la cheminée, les ongles en dessous.

Prenez === (la) CAPSULE.

Amorcez, 1 temps, 2 mouvements.

Comme pour la charge actuelle, en remplaçant :

Saisir de suite l'arme à la poignée, etc., PAR : replacer la main droite à la platine, reprendre la position du *port d'armes*, en replaçant vivement la main gauche sur le côté.

Charge à volonté.

Comme la charge à volonté actuelle. (Indiquer 8 temps au lieu de 10.)

80.   Des feux.

L'instructeur doit toujours se placer derrière la troupe pour commander les feux.

Position du 1er rang.

Apprêtez vos armes, 1 temps, 2 mouvements.

A la dernière partie du commandement, qui est ARMES, faire un demi-à-droite sur le talon gauche en portant le pied droit en équerre derrière le gauche, le cou-de-pied droit vis à vis et à 8 centimètres (8 pouces) du talon ; détacher l'arme avec la main droite perpendiculairement et à 11 centimètres (3 pouces) de l'épaule, la saisir de la main gauche, le petit doigt au dessus et contre la platine, le pouce sur le canon : l'élever avec les deux mains, la gauche à hauteur du cou ; placer le pouce de la main droite en travers de la crête du chien, le premier doigt sur la détente, les autres sous la sous-garde, le coude à hauteur de la main.

Apprêtez === (*vos*) ARMES.

Au commandement DEUX, armer lentement en fermant le coude droit et saisir l'arme à la poignée.

DEUX.

81.   Portez vos armes, 2 temps.

A la première partie du commandement, qui est PORTEZ, placer le pouce de la main droite en travers de la crête du chien, le premier doigt sur la détente, les autres sous la sous-garde, tirer le chien un peu en arrière pour le dégager du cran de l'armé, appuyer le premier doigt sur la détente, en soutenant le chien avec le pouce, le conduire à l'abattu (à poudre, le remonter au cran de sûreté en faisant sonner distinctement le cran de la noix).

PORTEZ.

A la dernière partie du commandement, qui est ARMES, descendre l'arme avec les deux mains, la droite se replaçant à la platine; appuyer l'arme à l'épaule, replacer la main gauche sur le côté, faire face en tête et rapporter le pied droit à côté du gauche.

ARMES.

82. — Le cavalier étant à la position d'*apprêtez vos armes*.

En joue, 1 temps.

Au commandement JOUE, abaisser vivement le bout du canon; glisser la main gauche jusqu'à l'embouchoir, (*Drag.*) la capucine; tenant l'arme avec le pouce et le premier doigt de cette main, les autres fermés; appuyer la crosse contre l'épaule, le bout du canon un peu baissé, les coudes abattus, sans être serrés au corps ; baisser la tête sur la crosse , fermer l'œil gauche , diriger l'œil droit le long du canon par la hausse et le guidon pour ajuster , et placer le premier doigt de la main droite sur la détente.

83. — Le cavalier étant en joue :

Redressez vos armes, 1 temps.

A la dernière partie du commandement, qui est ARMES , retirer le doigt de dessus la détente , redresser vivement l'arme et reprendre la position du 2ᵉ mouvement d'*apprêtez vos armes* (80).

>   (*En*) JOUE.
>   *Redressez* ⸺ (*vos*) ARMES.

84. — Le cavalier étant en joue : feu , 1 temps.

Au commandement FEU , appuyer le premier doigt sur la détente et faire feu , sans baisser davantage la tête , ni la détourner , et rester dans cette position.

85. — Le cavalier ayant fait feu : portez vos armes, 2 temps.

A la première partie du commandement, qui est PORTEZ , retirer vivement l'arme et la placer la crosse sous le bras droit , en rapportant la main gauche

(**Ch. Hus.**) au-dessus et contre la platine ,

(**Drag.**) au-dessous de la capucine , le pouce allongé sur le bois et contre la capucine ,

6

la poignée à 5 centimètres (2 pouces) au-dessous du téton droit, le coude gauche collé au corps; le bout du canon à hauteur du menton; saisir l'arme à la poignée.

(*En*) JOUE.

FEU.

PORTEZ.

A la dernière partie du commandement, qui est ARMES, porter l'arme en faisant face en tête et replacer vivement la main gauche sur le côté.

ARMES.

86. — Le cavalier étant à la position de *redressez vos armes*.

Le cavalier ayant fait *feu*, au commandement CHARGEZ, retirer vivement l'arme et la placer la crosse sous le bras droit, en rapportant la main gauche

(**Chass. Huss.**) au-dessus et contre la platine	(**Drag.**) au - dessous de la capucine, le pouce allongé sur le bois et contre la capucine

la poignée à 5 centimètres (2 pouces) au-dessous du téton droit le coude gauche collé au corps, le bout du canon à hauteur du menton; (*à poudre, mettre le chien au cran du repos, détacher les débris de la capsule*.) exécuter la charge à volonté et porter l'arme en faisant face en tête.

CHARGEZ.

87.   Position du 2ᵉ rang.

Apprêtez vos armes, 1 temps, 2 mouvements.

(**Chass. Huss.**) à la dernière partie du commandement qui est ARMES, exécuter le 1ᵉʳ mouvement d'*apprêtez vos armes* comme 1ᵉʳ rang (80), déboiter en même temps, en portant le pied droit à 16 centimètres (6 pouces) sur la droite et rapportant le pied gauche à 8 centimètres (3 pouces) en avant du coude-pied droit, pour être placé vis à vis du créneau à droite de son chef de file.

(**Dragons**) Comme pour le 1ᵉʳ rang (80.)

Apprêtez ===: (*vos*) ARMES.

Au commandement DEUX, exécuter le 2ᵉ mouvement d'*apprêtez vos armes*, comme premier rang (80.)

(**Dragons**) comme pour le 1ᵉʳ rang (80.)

DEUX.

88.   Portez vos armes, 2 temps.

(**Chass. Huss.**) à la première partie du commandement qui est PORTEZ, exécuter le 1ᵉʳ temps de *portez vos armes* comme 1ᵉʳ rang (81.)

(**Dragons**) comme pour le 1ᵉʳ rang (80.)

PORTEZ.

A la dernière partie du comman- (**Dragons**)
dement qui est ARMES, descendre
l'arme avec les deux mains, la droite se replaçant à la platine ; appuyer
l'arme à l'épaule, replacer vivement
la main gauche sur le côté, revenir en
même temps derrière son chef de
file, en portant le pied gauche à 16
centimètres (6 pouces) sur la gauche ;
faire face en tête et rapporter le pied
droit à côté du gauche.

comme pour le 1er rang (81.)

ARMES.

88. — Le cavalier étant à la position *d'apprêtez vos armes* :

En joue, 1 temps.

Au commandement JOUE, porter le pied
(**Ch. Hus.**) gauche à | (**Drag.**) droit à 16
16 centimètres (6 pou- | centimètres (6 pouces)
ces) en avant, le jarret | sur la droite, les pieds
droit tendu, | formant l'équerre,
abaisser vivement le bout du canon de manière qu'il
dépasse le 1er rang ; appuyer la crosse contre
l'épaule droite, et exécuter le reste du mouvement
comme il est prescrit pour le 1er rang. (82)

89. — Le cavalier étant en joue.

Redresser vos armes , 1 temps.

Comme il est prescrit pour le 1er rang. (83)

(**Ch. Hus.**) en restant vis à vis du créneau et rapportant le pied gauche à 8 centimètres (3 pouces) du coude-pied droit.

(**Drag.**) en rapportant le pied droit derriè-re le gauche , le coude-pied à 8 centimètres (3 pouces) du talon gauche.

(EN) JOUE.

Redressez === (*vos*) ARMES.

90. — Le cavalier étant en joue : feu , 1 temps.

Comme il est prescrit pour le 1er rang. (84.)

91. — Le cavalier ayant fait feu : portez vos armes , 2 temps.

A la première partie du commandement , qui est PORTEZ , exécuter le 1er temps de *portez vos armes* , comme 1er rang , en rapportant le pied

(**Ch. Hus.**) gauche à 8 centimètres (3 pouces) du coude-pied droit.

(**Drag.**) droit à 8 centimètres (3 pouces) en arrière du talon gauche.

(EN) JOUE

FEU

PORTEZ.

A la dernière partie du commandement qui est

ARMES, exécuter le 2ᵉ temps de *porter vos armes*
(*Chass. Huss.*) comme 2ᵉ rang (88) (*Drag.*)
comme 1ᵉʳ rang (85.)

ARMES.

91. — Le cavalier étant à la position de *redressez vos
armes*.

Le cavalier ayant fait feu, au commandement
CHARGEZ, retirer vivement l'arme et la placer la
crosse sous le bras droit, en rapportant la main
gauche

(**Chass. Huss.**) au-
dessus et contre la pla-
tine, la poignée à 5 cen-
timètres (2 pouces) au-
dessus du téton droit, le
coude gauche collé au
corps, le bout du canon
à hauteur du menton ; (*à
poudre, mettre le chien
au cran du repos, déta-
cher les débris de la capsule*), rapporter en même
temps le pied gauche à 8
centimètres (3 pouces)
du coude-pied droit; exé-
cuter la charge à volonté,
porter l'arme en faisant
face en tête et se repla-
cer derrière son chef de
file.

(**Drag.**) au - dessous
de la capucine, le pouce
allongé sur le bois et
contre la capucine, la
poignée à 5 centimètres
(2 pouces) , au-dessous
du téton droit , le coude
gauche collé au corps ,
le bout du canon à hau-
teur du menton, rappor-
ter en même temps le
pied droit à 8 centimètres
(3 pouces) en arrière du
talon gauche, (*à poudre,
mettre le chien au cran
du repos, détacher les
débris de la capsule*) ,
exécuter la charge à vo-
lonté et porter l'arme en
faisant face en tête.

CHARGEZ.

SIMPLIFICATIONS

A apporter aux feux des 1er et 2e rangs.

NOTA. Ces simplifications des mouvements pour l'exécution des feux résultent de la nouvelle charge en huit temps et de la transformation à percussion des armes à feu.

Des feux.

L'instructeur doit toujours se placer derrière la troupe pour commander les feux.

Position du 1er rang.

Apprêtez vos armes, 1 temps, 2 mouvements.

A la dernière partie du commandement, qui est ARMES, faire un demi-à-droite sur le talon gauche, en portant le pied droit en équerre derrière le gauche, le coude-pied droit vis à vis et à 8 centimètres (3 pouces) du talon ; élever l'arme avec la main droite, en la saisissant de la main gauche, et prendre la position du 1er mouvement de *pour amorcer*, mais en laissant le pied droit en arrière du gauche.

Apprêtez == (*vos*) ARMES.

Au commandement DEUX, armer lentement en fermant le coude droit, saisir l'arme à la poignée, l'élever perpendiculairement avec les deux mains, la gauche à 11 centimètres (4 pouces) et vis à vis de l'épaule droite.

DEUX.

Portez vos armes (avant de
    mettre en joue).
En joue.
Redressez vos armes.
Feu.

} Comme pour les
    feux actuels.

Si après avoir fait feu on ne veut pas faire charger les armes :

Portez vos armes, 1 temps.

A la dernière partie du commandement, qui est ARMES, porter l'arme en faisant face en tête, et replacer vivement la main gauche sur le côté.

Portez ═══ (*vos*) ARMES.

Si après avoir fait feu on veut faire charger les armes :

Au commandement CHARGEZ, reprendre vivement la position du 1er mouvement du 1er temps de la charge, et exécuter la charge à volonté.

CHARGEZ.

Position du 2e rang.

Comme pour les feux actuels jusqu'au mouvement de *portez vos armes* après le feu.

Si après avoir fait feu on ne veut pas faire charger les armes :

Portez vos armes, 1 temps.

A la dernière partie du commandement, qui est

ARMES, porter l'arme comme il est prescrit pour le 1er rang, en se replaçant derrière son chef de file.

Portez === (*vos*) ARMES.

Si après avoir fait feu on veut faire charger les armes :

Au commandement CHARGEZ reprendre la position du 1er mouvement du 1er temps de la charge en se replaçant derrière son chef de file, et exécuter la charge à volonté.

CHARGEZ.

(LANCIERS).

Maniement de la lance.

92 — Le lancier étant à la position du port de la lance :

Présentez vos lances, 1 temps.

A la dernière partie du commandement, qui est LANCES, apporter avec la main droite la lance à 11 centimètres (4 pouces) et vis à vis de l'œil gauche, le bras droit presqu'étendu ; la saisir vivement de la main gauche à la hauteur du coude, le pouce allongé le long de la hampe ; la main droite quittant sa position ressaisit la lance à 2|3 de mètre (2 pieds) du bout, les doigts allongés en avant sur la hampe, le pouce derrière.

Présentez === (*vos*) LANCES.

93.   Portez vos lances, 1 temps.

A la dernière partie du commandement, qui est

LANCES, replacer la main droite comme au *port de la lance* , rapporter la lance avec les deux mains contre l'épaule droite, et replacer la main gauche sur le côté.

Portez === (*vos*) LANCES.

94. Lances sur l'épaule droite, 1 temps.

A la dernière partie du commandement, qui est DROITE, élever la lance avec la main droite, l'appuyer sur l'épaule droite, la pointe en l'air et dirigée en arrière à gauche ; de la même main ressaisir la hampe, le pouce en dessous, les autres doigts en dessus, le bras demi-tendu, le coude abattu sans être serré au corps.

Lances sur l'épaule === DROITE.

95.   Portez vos lances, 1 temps.

A la dernière partie du commandement, qui est LANCES, ramener la lance perpendiculairement, en replaçant la main droite comme au *port de la lance.*

Portez === (*vos*) LANCES.

96. Lances à terre, 1 temps, 2 mouvevemeuts.

A la dernière partie du commandement, qui est TERRE, descendre la main droite jusqu'à hauteur de la hanche, courber le corps, avancer le pied gauche, poser la lance à terre droit devant soi, le bout de la lance restant à hauteur de la pointe du pied droit, le jarret droit un peu plié, le talon droit levé.

Au commandement DEUX, se relever, rapporter le pied gauche à côté du droit, et replacer les mains sur les côtés.

Lances === (à) TERRE.

DEUX.

97. Relevez vos lances, 1 temps, 2 mouvements.

A la dernière partie du commandement qui est LANCES, courber le corps, avancer le pied gauche et saisir la lance avec la main droite à 2|3 de mètre du bout.

Au commandement DEUX, relever la lance et rapporter le pied gauche à côté du droit, la main gauche se replaçant sur le côté.

Relevez === (vos) LANCES.

98. Genou à terre, 1 temps.

A la dernière partie du commandement, qui est TERRE, porter le pied droit en arrière en tournant un peu la pointe du pied gauche en dedans, mettre le genou à terre à 16 centimètres (6 pouces) en arrière et à droite du talon gauche, sans déranger la position de la main gauche ; laisser glisser la lance à terre sans frapper et abandonner la lance de la main droite qui se place à la coiffure ; le dessus de la main contre la visière, les doigts étendus et joints, le coude élevé.

Genou === (*à*) TERRE.

99.   Portez vos lances, 2 temps.

A la première partie du commandement, qui est PORTEZ, élever la lance de la main gauche, la saisir à 2/3 de mètre du bout avec la main droite, se relever, rapporter le pied droit à côté du gauche, et reprendre la position de *présentez vos lances.*

PORTEZ.

A la dernière partie du commandement, qui est LANCES, porter les lances.

LANCES.

Comme 1er rang.

100.   Croisez vos lances, 2 temps.

A la première partie du commandement, qui est CROISEZ, faire un demi-à-droite sur le talon gauche en portant le pied droit en équerre derrière le gauche, le coude-pied droit vis à vis et à 8 centimètres (3 pouces) du talon ; détacher la lance avec la main droite perpendiculairement et à 11 centimètres (4 pouces) de l'épaule.

CROISEZ.

A la dernière partie du commandement, qui est

LANCES, abattre la lance avec la main droite dans la main gauche, qui la saisit à un demi-mètre (18 pouces) de la droite, le coude gauche près du corps, le haut du corps en avant, la main droite appuyée sur la hanche droite, la pointe de la lance à hauteur de l'œil.

LANCES.

101. Portez vos lances, 1 temps, 2 mouvements.

A la dernière partie du commandement, qui est LANCES, tourner sur le talon gauche pour se remettre face en tête, en rapportant le talon droit à à côté du gauche ; redresser la lance avec la main gauche, en la portant à l'épaule droite, la main droite se replaçant comme *au port de la lance.*

Portez === (*vos*) LANCES.

Au commandement DEUX, abandonner la lance de la main gauche, qui se replace vivement sur le côté.

DEUX.

Comme 2ᵉ rang.

102.   Croisez vos lances, 2 temps.

A la première partie du commandement, qui est CROISEZ, exécuter le 1ᵉʳ temps de *croisez vos lances* comme 1ᵉʳ rang, et déboiter en portant le pied droit à 16 centimètres (6 pouces) sur la droite, rapportant le pied gauche à 8 centimètres (3 pou-

ces) en avant du coude-pied droit , pour être placé vis à vis du créneau à droite de son chef de file.

CROISEZ.

A la dernière partie du commandement , qui est
LANCES , abattre la lance comme pour le 1er rang ;
de manière qu'elle tombe entre le chef de file et
l'homme de sa droite sans les toucher.

LANCES.

103. Portez vos lances , 1 temps , 2 mouvements.

A la dernière partie du commandement, qui est
LANCES , redresser la lance avec la main gauche ,
en la portant à l'épaule droite , la main droite se
replaçant comme au *port de la lance*; revenir en
même temps derrière son chef de file , en portant
le pied gauche à 16 centimètres (6 pouces) sur la
gauche , faire face en tête et rapporter le pied
droit à côté du gauche.

Portez == (*vos*) LANCES.

Au commandement DEUX, abandonner la lance de
la main gauche, qui se replace vivement sur le
côté.

DEUX.

104. — Le cavalier étant à la position de *présentez vos
lances.*

Haut les lances , 1 temps.

A la dernière partie du commandement , qui est

LANCES, élever la lance avec les deux mains, la main droite tenant toujours la lance à 2/3 de mètre du bout, la main gauche ouverte, les doigts allongés contre la hampe, à hauteur et à 16 centimètres (6 pouces) du col, les coudes abattus.

Haut === (*les*) LANCES.

Pour faire revenir à la position précédente, l'instructeur commande AU TEMPS.

Le lancier étant à la position de *haut les lances*, pour faire rompre les rangs l'instructeur commande :

Rompez vos RANGS.

MARCHE.

TROISIÈME LEÇON.

Iʳᵉ PARTIE.	IIᵉ PARTIE.
Maniement des armes, les cavaliers ayant le sabre. Inspection des armes.	Marche aux différents pas, avec les armes.

PREMIÈRE PARTIE.

105. — On réunit, pour cette leçon, de 4 à 8 cavaliers. Il sont en veste d'écurie, schakos ou casque, giberne et porte-mousqueton. Ils ont le mousqueton ou le fusil ou la lance et le sabre, et sont placés sur un rang à 1 mètre (3 pieds) l'un de l'autre.

Maniement des armes, les cavaliers ayant le sabre.

Avant de commencer le maniement des armes, les cavaliers ayant le sabre, on fait l'observation suivante :

Quand le cavalier est en armes, il a la main gauche pendante sur le côté par dessus le sabre.

Les cavaliers ayant le sabre au crochet, la monture en arrière, et la baguette pendante, sont exercés au maniement des armes suivant les principes détaillés à la deuxième partie de la deuxième leçon ; on leur apprend ensuite à mettre le sabre à la main, à présenter le sabre et à le remettre.

106. — Avant de faire mettre l'*arme à terre* et *relevez vos armes* on donne l'explication suivante :

En même temps que le cavalier exécute le premier mouvement des *armes ou lances à terre* et *relevez vos armes ou lances*, il saisit le sabre avec la main gauche, la pointe en avant, la main fermée, le pouce allongé et touchant l'anneau du bracelet inférieur.

EXÉCUTION.

107. --- Les cavaliers ayant été suffisamment exercés au maniement des armes, et étant à la position de *reposez-vous sur vos armes ou vos lances* on fait mettre le mousqueton au crochet, ou le fusil à la grenadière, ou la lance à terre.

108.   Sabre à la main, 2 temps.

A la première partie du commandement, qui est SABRE, incliner légèrement la tête à gauche sans déranger la position ; décrocher le sabre et ramener la monture en avant avec la main gauche ; engager le poignet droit dans la dragonne, saisir le sabre à la poignée, dégager la lame du fourreau de 15 centimètres (6 pouces), en maintenant le fourreau contre la cuisse avec la main gauche, qui le tient au premier anneau , et replacer la tête directe.

SABRE.

A la dernière partie du commandement , qui est MAIN, tirer vivement le sabre en élevant le bras de toute sa longueur ; marquer un temps d'arrêt, le porter à l'épaule droite, le dos de la lame au défaut de l'épaule , le poignet appuyé à la hanche , le petit doigt en dehors de la poignée.

MAIN.

Cette position est la même à cheval, excepté qu'à cheval le poignet se trouve naturellement reposé sur le haut de la cuisse.

109.   Présentez le sabre, 1 temps.

A la dernière partie du commandement qui est SABRE , porter le sabre en avant, le bras demi-tendu, le pouce vis à vis et à 16 centimètres (6 pouces) du col, la lame perpendiculaire , le tranchant à gauche, le pouce allongé sur le côté droit de la poignée , le petit doigt se réunissant aux trois autres.

Présentez = (*le*) SABRE.

110.   Portez le sabre , 1 temps

A la dernière partie du commandement, qui est SABRE, reporter le sabre , le dos de la lame au défaut de l'épaule , le poignet appuyé à la hanche, le petit doigt en dehors de la poignée.

Portez ⚊ (le) SABRE.

111.   Remettez le sabre, 2 temps.

A la première partie du commandement, qui est REMETTEZ, exécuter le mouvement de *présentez le sabre.*

REMETTEZ.

A la dernière partie du commandement, qui est SABRE, porter le poignet vis à vis et à 16 centimètres (6 pouces) de l'épaule gauche ; baisser la lame, et la passer en croix le long du bras gauche, la pointe en arrière ; incliner légèrement la tête à gauche en fixant l'œil sur l'ouverture du fourreau ; y remettre la lame, dégager le poignet de la dragonne, replacer la tête directe, la main droite sur le côté, et remettre le sabre au crochet, la monture en arrière.

SABRE.

112. –– Le cavalier étant à la position de *présentez le sabre.*

Genou à terre, 1 temps.

A la dernière partie du commandement, qui est TERRE, mettre le genou droit à terre comme il est prescrit au maniement des armes, baisser la pointe du sabre jusqu'à terre, le bras demi-tendu, le poignet en quatre, placer la main à la coiffure.

Genou ⚊ (à) TERRE.

113.   Portez le sabre , 2 temps.

A la première partie du commandement , qui est
PORTEZ , se relever , rapporter le pied droit à côté
du gauche , et reprendre la position de *présentez
le sabre.*

          PORTEZ.

A la derrière partie du commandement , qui est
SABRE , porter le sabre à l'épaule.

          SABRE.

(CHASSEURS ET HUSSARDS.)

114.   Inspection des armes.

Les cavaliers étant à la position de *reposez-vous sur vos
armes* , et ayant (au commandement POUR LE MANIEMENT
DES ARMES) décroché la baguette.

Inspection du mousqueton , 1 temps , 5 mouvements.

A la dernière partie du commandement , qui est
MOUSQUETON , élever l'arme avec la main droite
en la tournant la platine en avant , la passer dans la
main gauche qui la saisit le petit doigt touchant
la platine , l'avant - bras appuyé au - dessus
de la hanche , la sous-garde touchant la cuisse
gauche , le bout du canon dans la direction de l'œil
droit , à 11 centimètres (4 pouces) du corps , la
main droite au bout du canon , le pouce allongé à
3 centimètres (1 pouce) de l'embouchure.

Inspection = (*du*) MOUSQUETON.

Au commandement DEUX, prendre la lanière du bouton d'assemblage avec le pouce et le premier doigt de la main droite, les glisser jusqu'à la baguette pour la saisir à l'anneau ; l'élever, l'engager dans le canon, l'y laisser couler ; saisir avec la main droite l'arme au-dessus et près de la main gauche, la descendre en la tournant, et reprendre la position de *reposez-vous sur vos armes.*

DEUX.

Au commandement TROIS, élever vivement l'arme avec la main droite en la tournant la platine en avant, la placer dans la main gauche qui la saisit le petit doigt touchant la platine, le pouce allongé le long du bois, la main vis à vis de l'épaule et à hauteur du menton, le coude abattu contre la crosse.

TROIS.

Au commandement QUATRE, descendre l'arme avec la main gauche, retirer la baguette, la laisser tomber, élever de nouveau l'arme en la tournant le canon en avant, la sous-garde à hauteur et vis à vis de l'épaule gauche, l'incliner à droite de manière que les anneaux soient pendants, la main gauche à hauteur et vis à vis du col. Avec la main droite amener le crochet en avant, le pouce appuyé sur le petit côté pour l'ouvrir, l'engager dans les anneaux.

QUATRE.

Au commandement CINQ, saisir avec la main droite l'arme à la poignée, l'abandonner de la main gauche qui se replace sur le côté, faire passer l'arme derrière soi en baissant le bout du canon; chasser la crosse en arrière, et replacer vivement la main droite sur le côté.

CINQ.

115. Inspection du sabre, 1 temps, 7 mouvements.

A la dernière partie du commandement, qui est SABRE, exécuter le 1er temps de *sabre à la main*.

Inspection === (*du*) SABRE.

Au commandement DEUX, exécuter le 2e temps de *sabre à la main*.

DEUX.

Au commandement TROIS, présenter le sabre.

TROIS.

Au commandement QUATRE, tourner le poignet en dedans, pour montrer l'autre côté de la lame.

QUATRE.

Au commandement CINQ, porter le sabre à l'é-paule.

CINQ.

Au commandement SIX, exécuter le 1er temps de *remettez le sabre*.

SIX.

Au commandement SEPT, exécuter le 2ᵉ temps de *remettez le sabre*.

SEPT.

Décrochez = (*le*) MOUSQUETON.

116. — Lorsque les cavaliers exécutent correctement l'inspection des armes, pour les y exercer sans détail.

A la dernière partie du commandement, inspection des armes, qui est ARMES, les cavaliers exécutent les 1ᵉʳ et 2ᵉ mouvements de l'*inspection du mousqueton*.

Inspection = (*des*) ARMES.

Chaque cavalier, à mesure que l'instructeur passe devant lui, exécute le 3ᵉ mouvement de l'*inspection du mousqueton* Dès que l'instructeur l'a dépassé de deux cavaliers, le cavalier inspecté exécute les 4ᵉ et 5ᵉ mouvements de *l'inspection du mousqueton*, et met le sabre à la main, 1ᵉʳ et 2ᵉ mouvements de l'*inspection du sabre*.

EXÉCUTION; elle a lieu successivement à mesure que l'instructeur passe devant les cavaliers.

L'instructeur prend l'arme pour l'examiner, s'il le juge à propos, sans que le cavalier la porte en avant pour la lui présenter. Ayant passé il revient au centre, et reprend le détail :

Chaque cavalier, à mesure que l'instructeur passe devant lui, présente le sabre, tourne le poignet en dedans, pour montrer l'autre côté de la lame, 3ᵉ et 4ᵉ mouvements de *l'inspection du sa-*

bre. Dès que l'instructeur l'a dépassé de deux cavaliers, le cavalier inspecté porte le sabre, et le
remet dans le fourreau, 5e, 6e et 7e mouvements
de *l'inspection du sabre*, décroche son mousqueton et reprend la position de *reposez-vous sur vos
armes.*

EXÉCUTION.

117. — Si, au lieu de faire l'inspection des armes, l'instructeur veut après les feux s'assurer seulement qu'il n'y
a pas d'armes chargées, les cavaliers étant à la position
de *reposez-vous sur vos armes.*

Baguette dans le canon, 1 temps,
3 mouvements.

A la dernière partie du commandement, qui
est CANON, exécuter le premier mouvement de
l'inspection du mousqueton.

BAGUETTE === (*dans le*) CANON.

Au commandement DEUX, prendre la lanière
près du bouton d'assemblage avec le pouce et le
premier doigt de la main droite, les glisser jusqu'à la baguette pour la saisir à l'anneau; l'élever,
l'engager dans le canon, l'y laisser couler, et replacer la main droite au bout du canon, le pouce
allongé à 3 centimètres (1 pouce) de l'embouchure.

DEUX.

Au commandement TROIS, retirer la baguette,

la laisser tomber ; saisir avec la main droite l'arme au-dessus de la main gauche, la descendre en la tournant, et reprendre la position de *reposez-vous sur vos armes.*

TROIS.

118. — Les cavaliers exécutant correctement :

A la dernière partie du commandement, *baguette dans le canon*, qui est CANON, exécuter les 1ᵉʳ et 2ᵉ mouvements de *baguette dans le canon.*

EXÉCUTION.

L'instructeur étant passé, exécuter le 3ᵉ mouvement de *baguette dans le canon.*

L'instructeur, pour s'assurer si l'arme n'est pas chargée, prend la baguette à l'anneau, et la fait sauter dans le canon.

(DRAGONS.)

119.   Inspection des armes.

Le cavalier étant à la position de *reposez-vous sur vos armes.*

Inspection du fusil, 1 temps, 5 mouvements.

A la dernière partie du commandement, qui est FUSIL, faire un tiers d'à droite sur le talon gauche, de manière que le talon droit se place à 8 centimètres (3 pouces) en avant et vis à vis du coude-pied gauche ; tourner avec la main droite le fusil , la platine en dehors , la crosse restant à terre , saisir l'arme avec la main gauche , au-dessus de la main droite qui se place à 3 centimètres (1 pouce) du canon.

Inspection = (*du*) FUSIL.

Au commandement DEUX, saisir la baguette entre le pouce et le premier doigt ployé , la dégager ainsi qu'il est prescrit au premier mouvement du huitième temps de la charge n° 76 ; la mettre dans le canon , la laissant couler jusqu'au fond , faire face en tête , la main droite se plaçant à la première capucine ; replacer la main gauche sur le côté.

DEUX.

Au commandement TROIS , élever vivement l'arme avec la main droite en la tournant la platine en avant ; la placer dans la main gauche qui la saisit , le petit doigt au-dessus et contre la platine , le pouce allongé le long du bois , la main vis à vis de l'épaule et à hauteur du menton , le coude abattu contre la crosse.

TROIS.

Au commandement QUATRE , descendre l'arme avec la main gauche , la saisir de la main droite à la capucine , reprendre la position de *reposez-vous sur vos armes.*

QUATRE.

6.

Au commandement CINQ, faire un tiers d'à-droite, comme au premier mouvement, tourner l'arme avec la main droite, la platine en dehors; la saisir avec la main gauche au-dessus de la droite, retirer la baguette du canon et la remettre dans ses tenons comme au neuvième temps de la charge; saisir l'arme avec la main droite, la quitter de la main gauche, faire face en tête pour revenir à la position de *reposez-vous sur vos armes.*

CINQ.

120. Inspection du sabre, 1 temps, 7 mouvements.

A la dernière partie du commandement, qui est SABRE, passer le fusil à gauche, la crosse auprès de la pointe du pied gauche, le canon appuyé contre le bras et maintenu par la main droite; incliner légèrement la tête à gauche, sans déranger la position; décrocher le sabre et ramener la monture en avant avec la main gauche qui contient le fourreau au dessous du premier anneau; avec la même main contenir le fusil en allongeant le pouce en avant du fusil; engager le poignet dans la dragonne, saisir le sabre à la poignée, dégager la lame du fourreau de 16 centimètres (6 pouces), replacer la tête directe.

Inspection ══ (du) SABRE.

Au commandement DEUX, exécuter le 2ᵉ temps de *sabre à la main*.

DEUX.

Au commandement TROIS, présenter le sabre.

TROIS.

Au commandement QUATRE, tourner le poignet en dedans, pour montrer l'autre côté de la lame.

QUATRE.

Au commandement CINQ, porter le sabre à l'épaule.

CINQ.

Au commandement SIX, exécuter le 1ᵉʳ temps de *remettez le sabre*.

SIX.

Au commandement SEPT, exécuter le 2ᵉ temps de *remettez le sabre*, en maintenant le fusil avec la main droite pour remettre le sabre au crochet ; replacer avec la main droite le fusil auprès de la pointe du pied droit, à la position de *reposez-vous sur vos armes*.

SEPT.

121. — Lorsque les cavaliers exécutent correctement l'inspection des armes, pour les y exercer sans détail :

A la dernière partie du commandement, *inspection des armes*, qui est ARMES, les cavaliers exécutent les 1ᵉʳ et 2ᵉ mouvements de *l'inspection du fusil*.

Inspection === (des) ARMES.

Chaque cavalier, à mesure que l'instructeur passe devant lui, exécute le 3e mouvement de l'inspection *du fusil*. Dès que l'instructeur l'a dépassé de deux cavaliers, le cavalier inspecté exécute les 4e et 5e mouvements de l'*inspection du fusil*; il passe le fusil à gauche et met le sabre à la main, 1er et 2e mouvements de l'*inspection du sabre*.

EXÉCUTION; elle a lieu successivement, à mesure que l'instructeur passe devant les cavaliers.

L'instructeur prend l'arme pour l'examiner, s'il le juge à propos, sans que le cavalier la porte en avant pour la lui présenter. Ayant passé il revient au centre et reprend le détail :

Chaque cavalier, à mesure que l'instructeur passe devant lui, présente le sabre, tourne le poignet en dedans, pour montrer l'autre côté de la lame, 3e et 4e mouvements de l'*inspection du sabre*. Dès que l'instructeur l'a dépassé de deux cavaliers, le cavalier inspecté porte le sabre, et le remet dans le fourreau, 5e, 6e et 7e mouvements de l'*inspection du sabre*; il repasse le fusil à droite et reprend la position de *reposez-vous sur vos armes*.

EXÉCUTION.

Si, au lieu de faire l'inspection des armes, l'instructeur veut après les feux s'assurer seulement qu'il n'y a pas d'armes chargées, les cavaliers étant à la position de *reposez-vous sur vos armes* :

122. Baguette dans le canon, 1 temps,
2 mouvements.

A la dernière partie du commandement , qui est CANON, exécuter les 1er et 2e mouvements de l'*inspection du fusil.*

Baguette === *(dans le)* CANON.

Au commandement DEUX, retirer la baguette et la remettre ; 5e mouvement de l'*inspection du fusil.*

DEUX.

125. — Les cavaliers exécutant correctement :

A la dernière partie du commandement *baguette dans le canon*, qui est CANON , exécuter les 1er et 2e mouvements de l'*inspection du fusil.*

EXÉCUTION.

L'instructeur étant passé , retirer la baguette et la remettre ; 5e mouvement de l'*inspection du fusil.*

(LANCIERS.)

124.   Inspection des armes.

Le lancier étant à la position de *reposez-vous sur vos lances :*

Inspection des lances, 1 temps,
4 mouvements.

A la dernière partie du commandement , qui est

LANCES , descendre la main droite en la glissant le long de la hampe jusqu'à hauteur de la hanche; élever la lance perpendiculairement, le bout à 16 centimètres (6 pouces) de terre.

Inspection = (*des*) LANCES.

Au commandement DEUX , baisser la pointe en avant, la hampe toujours collée au coude , et placée horizontalement à 5 centimètres (2 pouces) au-dessous du téton droit, la lance soutenue sous le bras, le pouce allongé sur la hampe , les doigts fermés.

DEUX.

Au comandement TROIS , tourner le poignet, les ongles en dessous pour montrer l'autre côté de la lame.

TROIS.

Au commandement QUATRE, redresser la lance, et la replacer auprès de la pointe du pied droit, la main à hauteur du col.

QUATRE.

125. Inspection du sabre, 1 temps, 7 mouvements.

A la dernière partie du commandement , qui est SABRE, passer la lance à gauche, le bout auprès de la pointe du pied gauche, la hampe appuyée contre l'épaule et maintenue par la main droite ;

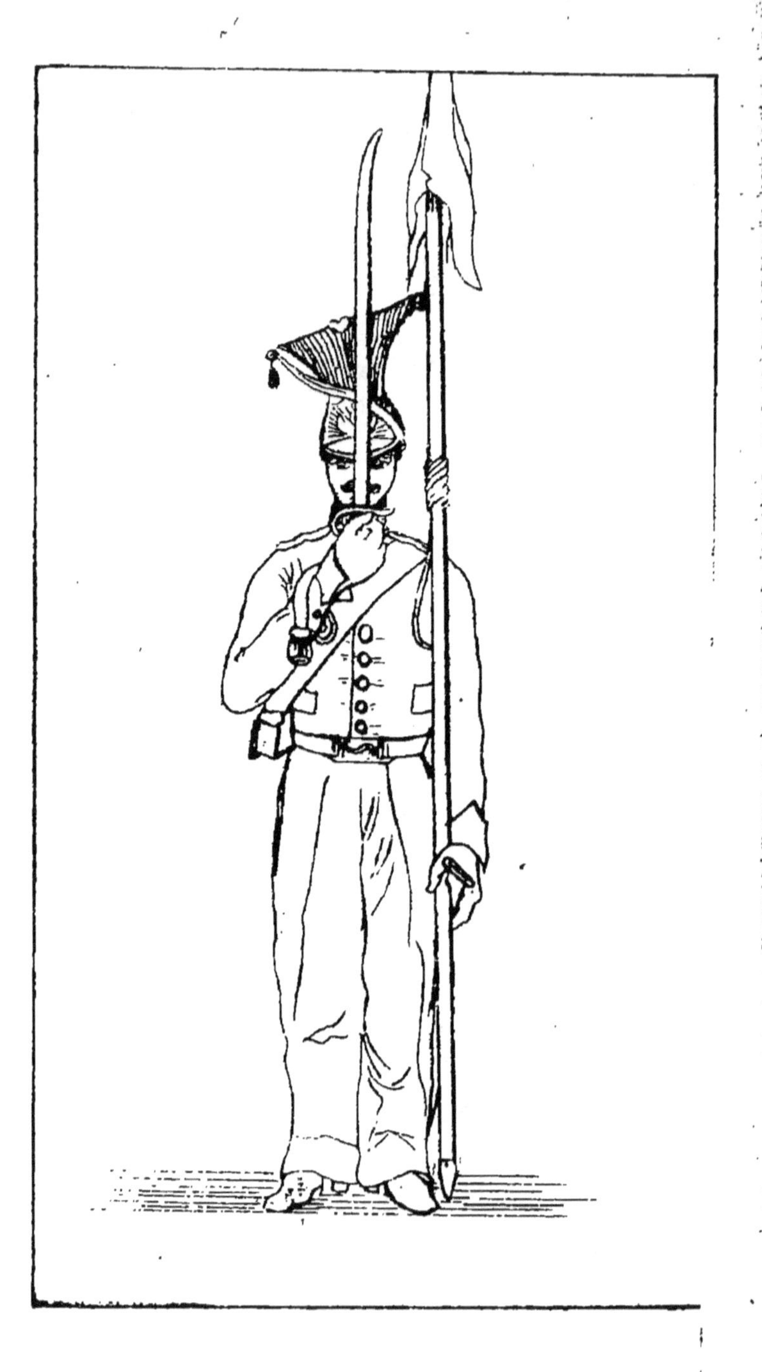

incliner légèrement la tête à gauche sans déranger la position ; décrocher le sabre et ramener la monture en avant avec la main gauche qui contient le fourreau au-dessous du premier anneau ; avec la même main contenir la lance en allongeant le pouce en avant de la hampe ; engager le poignet dans la dragonne, saisir le sabre à la poignée , dégager la lame du fourreau de 16 centimètres (6 pouces) et replacer la tête directe.

Inspection == (*du*) SABRE.

Au commandement DEUX , exécuter le 2ᵉ temps de *sabre à la main*.

DEUX.

Au commandement TROIS , présenter le sabre.

TROIS.

Au commandement QUATRE , tourner le poignet en dedans , pour montrer l'autre côté de la lame.

QUATRE.

Au commandement CINQ , porter le sabre à l'épaule.

CINQ.

Au commandement SIX , exécuter le 1ᵉʳ temps de *remettez le sabre*.

SIX.

Au commandement SEPT, exécuter le 2ᵉ temps de *remettez le sabre*, et replacer avec la main droite la lance auprès de la pointe du pied droit, à la position de *reposez vous sur vos lances.*

SEPT.

126. — Lorsque les cavaliers exécutent correctement l'inspection des armes, pour les y exercer sans détail :

A la dernière partie du commandement, *inspection des armes*, qui est ARMES, les cavaliers exécutent les 1ᵉʳ et 2ᵉ mouvements de l'*inspection des lances.*

Inspection ═══ (des) ARMES.

Chaque cavalier, à mesure que l'instructeur passe devant lui, exécute le 3ᵉ mouvement de l'*inspection des lances.* Dès que l'instructeur l'a dépassé de deux cavaliers, le cavalier inspecté exécute le 4ᵉ mouvement de l'*inspection des lances*, et met le sabre à la main; 1ᵉʳ et 2ᵉ mouvement de l'*inspection du sabre.*

EXÉCUTION : elle a lieu successivement à mesure que l'instructeur passe devant les cavaliers, ayant passé il revient au centre et reprend le détail.

Chaque cavalier, à mesure que l'instructeur passe devant lui, présente le sabre, tourne le poignet en dedans, pour montrer l'autre côté de la lame, 3ᵉ et 4ᵉ mouvement de l'*inspection du sabre.* Dès que l'inspecteur l'a dépassé de deux cavaliers, le cavalier inspecté, porte le sabre, et le remet dans le fourreau, 5ᵉ 6ᵉ et 7ᵉ mouvement de l'*inspection du sabre*, et replace la lance à la position de *reposez vous sur vos lances.*

EXÉCUTION.

DEUXIÈME PARTIE.

127. Marches aux différents pas avec les armes.

127. — Les cavaliers, ayant le sabre au crochet, sont exercés aux différents pas et aux mouvements détaillés dans la *deuxième partie* de la *première leçon*; ceux armés de mousquetons ou de fusils sont exercés en outre à mettre l'arme au bras ou sur l'épaule droite, et à la porter en marchant, ainsi qu'à faire feu avec des cartouches à poudre. Les lanciers sont exercés de même avec la lance portée, ou sur l'épaule droite.

128. — Quand on veut faire exécuter un demi-tour par cavalier, l'instructeur fait auparavant porter les armes.

Toutes les fois qu'on commande HALTE, les cavaliers portent vivement l'arme.

129. — Lorsqu'on exécute les feux à poudre, l'instructeur recommande aux cavaliers d'observer, en mettant le chien au repos, si la fumée sort par la cheminée, ce qui indique que le coup est parti. Si la fumée ne sort pas, le cavalier, au lieu de recharger, passe derrière le rang en tenant son arme le bout en l'air; il fait face en arrière pour épingler et amorcer de nouveau.

Si le cavalier, croyant le coup parti, a mis une seconde charge dans son arme, il doit en bourrant s'en apercevoir par la hauteur de la charge.

L'instructeur fait toujours l'inspection des armes après les feux à poudre, afin de s'assurer si quelque cavalier n'a pas fait la faute de mettre plus d'une cartouche dans son mousqueton ou fusil. Il veille aussi à ce que le cavalier, en mettant le chien au repos, ne réarme pas son mousqueton ou fusil par trop de précipitation.

QUATRIÈME LEÇON.

<table>
<tr><td>1re PARTIE.</td><td>IIe PARTIE.</td></tr>
<tr><td>Exercice du sabre.
Exercice de la lance.</td><td>Tir à la cible.</td></tr>
</table>

PREMIÈRE PARTIE.

130. — On réunit pour cette leçon de 8 à 12 cavaliers armés de leurs sabres seulement; ils sont placés sur un rang, à 3 mètres (9 pieds) l'un de l'autre. Ils sont en veste d'écurie, schakos ou casque, giberne et mousqueton, la baguette au crochet du ceinturon. Lorsqu'ils commencent à exécuter régulièrement tous les mouvements de l'exercice du sabre, les carabiniers et cuirassiers sont exercés ayant leurs cuirasses, les dragons avec le fusil à la grenadière et les chasseurs et hussards avec le mousqueton au crochet.

131. — Dans les commencements de ce travail, l'instructeur doit éviter de tenir les cavaliers longtemps sur chaque mouvement. S'il a des fautes à corriger, il commande : *En place* — REPOS, fait recommencer le mouvement à ceux qui l'ont mal exécuté, et ne fait reprendre la position à tous les autres, que lorsque les moins intelligents ont compris.

Pour les *repos*, l'instructeur fait remettre le sabre.

132. — Le moulinet ayant pour objet d'assouplir les articulations du bras et du poignet, et, en faisant acquérir plus de dextérité aux cavaliers, contribuant à donner de l'assurance aux hommes isolés, il faut que les cavaliers y soient d'abord exercés, comme préparation aux autres mouvements.

On commence donc et on finit chaque leçon par des moulinets exécutés à un degré de vitesse proportionné aux progrès des cavaliers. L'instructeur veille à ce que les cavaliers n'emploient pas dans l'exercice du sabre une force, qui non seulement y est moins nécessaire que la dextérité et la souplesse; mais y serait même préjudiciable. Il veille encore à ce qu'ils ne se penchent pas de manière à perdre l'assiette quand ils seront à cheval; il s'attache surtout, dans les mouvements du sabre en arrière, à ce qu'on ne laisse pas tomber la lame trop près du corps, afin de ne pas blesser le cheval. Le sabre, en décrivant un cercle, doit présenter le plat de côté et le tranchant en avant, et être dirigé de manière qu'il ne puisse atteindre ni la tête du cheval, ni ses hanches, ni les genoux du cavalier.

Quand les cavaliers exécutent régulièrement tous les mouvements, l'instructeur fait porter chaque coup de sabre sans le décomposer; la dernière syllabe du commandement en détermine la vive exécution. Tous les coups de sabre se terminent alors par un demi-moulinet qui ramène à la position EN GARDE.

Les coups de pointe doivent toujours être employés de préférence comme exigeant moins de force et ayant un résultat plus prompt, plus certain et plus décisif. Le cavalier doit les diriger vivement et à fond au corps de l'adversaire, en tenant la poignée du sabre à pleine main, le pouce appuyé contre la garde, dans la direction de la lame.

Les parades contre la lance sont les mêmes que contre la pointe.

133. — L'instructeur ayant placé les cavaliers et fait mettre le *sabre à la main*, leur explique ce qu'on entend par *côté droit* et *côté gauche* de la poignée; par *tierce* et par *quarte*, ayant soin de démontrer après chaque explication:

Le côté DROIT est la partie de la poignée opposée à la garde.

Le côté GAUCHE est la partie de la poignée du côté de la garde.

TIERCE est la position dans laquelle le tranchant de la lame est tourné à droite (ou en dehors) les ongles en dessous.

QUARTE est la position dans laquelle le tranchant de la lame est tourné à gauche (ou en dedans) les ongles en dessus.

134.   Exercice du sabre.

En garde, 1 temps.

Au commandement EN GARDE, porter le pied droit à 2/3 de mètre (2 pieds) du pied gauche, les talons sur la même ligne ; placer la main gauche fermée à 16 centimètres (6 pouces) du corps et à hauteur du coude, les doigts en face du corps, le petit doigt plus près que le haut du poignet (*position de la main de la bride*) ; porter en même temps le poignet droit en tierce, à hauteur et à 8 centimètres (3 pouces) du poignet gauche, le pouce allongé sur le dos de la poignée, le petit doigt réuni aux trois autres, la pointe du sabre inclinée à gauche et plus élevée que le poignet de 2/3 de mètre (2 pieds).

EN GARDE.

135.   Portez le sabre, 1 temps.

Comme il est prescrit au *maniement du sabre*, et rapporter le pied droit à côté du gauche.

Portez   SABRE.

136. — Les cavaliers étant à la position *en garde*,

A gauche moulinet, 1 temps, 2 mouve-
ments.

A la dernière partie du commandement, qui est MOULINET, étendre le bras droit en avant de toute sa longueur, le poignet en tierce et à hauteur des yeux.

A gauche === MOULINET.

Au commandement DEUX, baisser la lame en arrière du coude gauche; raser vivement l'encolure du cheval en décrivant un cercle derrière en avant, et se remettre en garde.

DEUX.

137.   A droite moulinet, 1 temps , 2 mouvements.

A la dernière partie du commandement, qui est MOULINET, étendre le bras droit en avant de toute sa longueur, le poignet en quarte et à hauteur des yeux.

A droite === MOULINET.

Au commandement DEUX, baisser la lame en arrière du coude droit, raser vivement l'encolure du cheval en décrivant un cercle d'arrière en avant, et se remettre en garde.

DEUX.

138. — Pour exécuter le moulinet sans s'arrêter et le commencer à gauche,

A gauche et à droite moulinet , 1 temps , 2 mouvements.

A la dernière partie du commandement, qui est MOULINET, exécuter le 1er mouvement d'*à-gauche moulinet.*

A gauche et à droite = MOULINET.

Au commandement DEUX, les cavaliers exécutent alternativement, sans s'arrêter sur aucun mouvement, le moulinet à gauche et le moulinet à droite.

DEUX.

Pour commencer le moulinet à droite, l'instructeur explique le mouvement de la même manière en substituant les commandements et mots *droite et gauche*, à ceux *gauche et droite.*

139. En arrière moulinet, 1 temps, 2 2 mouvements.

A la dernière partie du commandement, qui est MOULINET, élever le bras en arrière à droite de toute sa longueur, la pointe du sabre en l'air, le tranchant à droite, le pouce allongé sur le dos de la poignée, le corps légèrement tourné à droite.

En arrière — MOULINET.

Au commandement DEUX, décrire un cercle en arrière de gauche à droite, le poignet éloigné du corps le plus possible, et se remettre en garde.

DEUX.

140. — Les cavaliers exécutant bien les moulinets, l'instructeur leur en fait faire plusieurs de suite, jusqu'au commandement EN GARDE.

Il faut que les cavaliers n'emploient pas dans l'exercice du sabre une force, qui non seulement y est la moins nécessaire que dextérité et la souplesse, mais y serait même préjudiciable; il faut encore qu'ils ne se penchent pas de manière à perdre l'assiette quand ils seront à cheval; la lame du sabre ne doit pas tomber trop près du corps, surtout dans le *moulinet en arrière*, afin de ne pas blesser son cheval; le sabre, en décrivant un cercle, doit présenter le plat de côté et le tranchant en avant, et être dirigé de manière qu'il ne puisse atteindre ni la tête du cheval, ni ses hanches, ni les genoux du cavalier.

Les moulinets continueront jusqu'au commandement EN GARDE.

EXÉCUTION.

141. En tierce pointez, 1 temps, 3 mouvements.

A la dernière partie du commandement, qui est POINTEZ, élever et soutenir le poignet en tierce, à hauteur des yeux; effacer l'épaule droite en retirant le coude en arrière, la pointe du sabre en avant, le tranchant en l'air.

En tierce === POINTEZ.

Au commandement DEUX, porter le coup en avant en allongeant le bras de toute sa longueur.

DEUX.

Au commandement TROIS, se remettre en garde.

TROIS.

142. En quarte pointez, 1 temps, 3 mouvements.

A la dernière partie du commandement, qui est POINTEZ, baisser le poignet en quarte près de la hanche droite, le pouce allongé sur le côté droit de la poignée, la pointe un peu plus élevée que le poignet.

En quarte === POINTEZ.

Au commandement DEUX, portez le coup en avant, en allongeant le bras de toute sa longueur.

DEUX.

Au commandement TROIS, se remettre en garde.

TROIS.

143. A gauche pointez, 1 temps, 3 mouvements.

A la dernière partie du commandement, qui est POINTEZ, tourner la tête à gauche, retirer le poignet en tierce vers la droite et à hauteur du col, le tranchant en l'air, la pointe dirigée à gauche.

A gauche === POINTEZ.

Au commandement DEUX, porter le coup à gauche, en allongeant le bras de toute sa longueur.

DEUX.

Au commandement TROIS, se remettre en garde.

TROIS.

144. A droite pointez, 1 temps, 3 mouvements.

A la dernière partie du commandement, qui est POINTEZ, tourner la tête à droite, porter le poignet en quarte près du téton gauche, le tranchant en l'air, la pointe dirigée à droite.

A droite === POINTEZ.

Au commandement DEUX, porter le coup à droite, en allongeant le bras de toute sa longueur.

DEUX.

Au commandement TROIS, se remettre en garde.

TROIS.

145. En arrière pointez, 1 temps, 3 mouvements.

A la dernière partie du commandement, qui est POINTEZ, tournez la tête en arrière à droite, ramener le poignet en quarte vis à vis de l'épaule droite, le bras demi-tendu, la lame horizontale, la pointe en arrière, le tranchant en dessus.

En arrière — POINTEZ.

Au commandement DEUX, porter le coup en arrière, en allongeant le bras de toute sa longueur.

DEUX.

Au commandement TROIS, se remettre en garde.

TROIS.

146. Contre infanterie à gauche pointez, 1 temps, 3 mouvements.

A la dernière partie du commandement, qui est POINTEZ, tourner la tête à gauche, élever le poignet en tierce près du col, la pointe du sabre dirigée à hauteur de la poitrine d'un homme à pied.

Contre infanterie à gauche — POINTEZ.

Au commandement DEUX, plonger le coup de pointe en tierce.

DEUX.

Au commandement TROIS, se remettre en garde.

TROIS.

147. Contre infanterie à droite pointez, 1 temps, 3 mouvements.

A la dernière partie du commandement, qui est POINTEZ, tourner la tête à droite, porter le poignet en quarte près de la hanche droite, la pointe du

sabre dirigée à hauteur de la poïtrine d'un homme à pied.

Contre infanterie à droite === POINTEZ.

Au commandement DEUX, porter le coup de pointe en quarte.

DEUX.

Au commandement TROIS, se remettre en garde.

TROIS.

148. — La série des coups de pointe étant comprise, l'instructeur, pour la faire repasser par temps, fait l'observation suivante.

Les coups de pointe doivent toujours être employés de préférence comme exigeant moins de force, et ayant un résultat plus prompt, plus certain et plus décisif. Le cavalier doit les diriger vivement et à fond au corps de l'adversaire, en tenant la poignée du sabre à pleine main, le pouce appuyé contre la garde et dans la direction de la lame.

EXÉCUTION.

149. En avant sabrez, 1 temps, 3 mouvements.

A la dernière partie du commandement, qui est SABREZ, élever le sabre, le bras demi-tendu, le poignet un peu au-dessus de la tête, le tranchant en l'air la pointe en arrière et plus élevée que le poignet.

En avant === SABREZ.

Au commandement DEUX, porter un coup de sabre en allongeant le bras de toute sa longueur.

DEUX.

Au commandement TROIS, se remettre en garde.

TROIS.

150. A gauche sabrez, 1 temps, 3 mouvements.

A la dernière partie du commandement, qui est SABREZ, tourner la tête à gauche, élever le sabre, le bras tendu à droite, le poignet en quarte et à hauteur de la tête, la pointe plus élevée que le poignet.

A gauche === SABREZ.

Au commandement DEUX, porter un coup de sabre diagonalement à gauche.

DEUX.

Au commandement TROIS, se remettre en garde.

TROIS.

151. A droite sabrez, 1 temps, 3 mouvements.

A la dernière partie du commandement, qui est

SABREZ, tourner la tête à droite, porter le poignet vis à vis de l'épaule gauche, la pointe du sabre en l'air, le tranchant à gauche.

A droite === SABREZ.

Au commandement DEUX, déployer vivement le bras de toute sa longueur, porter le coup de revers horizontalement.

DEUX.

Au commandement TROIS, se remettre en garde.

TROIS.

152.— Les coups de sabre s'exécutant régulièrement, l'instructeur fait l'observation suivante :

Les coups de sabre *en avant* à *gauche*, et à *droite* s'emploieront contre l'infanterie, en observant de les diriger verticalement.

Coups de sabre contre l'infanterie.

EXÉCUTION : Elle a lieu par les commandements ordinaires lesquels sont toujours précédés de l'indication ci-dessus.

153. En arrière sabrez, 1 temps, 3 mouvements.

A la dernière partie du commandement, qui est SABREZ, tourner la tête à droite en effaçant l'épaule droite, porter le poignet à hauteur et vis à vis de l'épaule gauche, le sabre perpendiculaire, le tranchant à gauche.

En arrière === SABREZ.

Au commandement DEUX, déployer vivement le bras de toute sa longueur, et porter le coup de revers horizontalement en arrière.

DEUX.

Au commandement TROIS, se remettre en garde.

TROIS.

154. A droite, en tierce et en quarte sabrez, 1 temps, 4 mouvements.

A la dernière partie du commandement, qui est SABREZ, exécuter le premier mouvement d'à-droite sabrez.

A droite, en tierce et en quarte ══

SABREZ.

Au commandement DEUX, exécuter le 2ᵉ mouvement d'à-droite sabrez.

DEUX.

Au commandement TROIS, tourner le poignet en quarte, et porter un coup de sabre horizontalement.

TROIS.

Au commandement QUATRE, se remettre en garde.

QUATRE.

155. A gauche, en quarte et en tierce sabrez, 1 temps, 4 mouvements.

A la dernière partie du commandement, qui est

SABREZ, exécuter le premier mouvement d'*à-gau-che sabrez.*

A gauche, en quarte et en tierce $=$

SABREZ.

Au commandement DEUX, exécuter le 2e mouvement d'*à-gauche sabrez.*

DEUX.

Au commandement TROIS, tourner le poignet en tierce et porter un coup de sabre horizontalement.

TROIS.

Au commandement QUATRE, se remettre en garde.

QUATRE.

156. En arrière, en tierce et en quarte sabrez, 1 temps, 4 mouvements.

A la dernière partie du commandement, qui est SABREZ, exécuter le premier mouvement d'*en arrière sabrez.*

En arrière, en tierce et en quarte $=$

SABREZ.

Au commandement DEUX, exécuter le 2e mouvement d'*en arrière sabrez.*

DEUX.

Au commandement TROIS, tourner le poignet

en quarte et porter un coup de sabre horizontalement.

TROIS.

Au commandement QUATRE se remettre en garde.

QUATRE.

157. — Tous les coups de sabre s'exécutant correctement par temps, l'instructeur fait l'observation suivante :

Les coups de sabre se termineront par un demi-moulinet, qui ramènera à la position en garde.

EXÉCUTION.

158. En tierce parez, 1 temps, 2 mouvements.

A la dernière partie du commandement, qui est PAREZ, porter vivement le poignet un peu en avant et à droite, les ongles en dessous, sans faire bouger le coude ; la pointe inclinée en avant, à hauteur des yeux, et dans la direction de l'épaule droite ; le pouce allongé sur le dos de la poignée et appuyé contre la garde.

En tierce === PAREZ.

Au commandement DEUX, se remettre en garde.

DEUX.

159. En quarte parez, 1 temps, 2 mouvements.

A la dernière partie du commandement, qui est

PAREZ, tourner le poignet et le porter vivement en avant et à gauche, les ongles en dessus, le tranchant à gauche, la pointe inclinée en avant à hauteur des yeux, et dans la direction de l'épaule gauche; le pouce allongé sur le dos de la poignée et appuyé contre la garde.

En quarte === PAREZ.

Au commandement DEUX, se remettre en garde.

DEUX.

160. Pour la tête parez, 1 temps, 2 mouvements.

A la dernière partie du commandement, qui est PAREZ, élever vivement le sabre au-dessus de la tête, le bras presque tendu, le tranchant de la lame en dessus, la pointe {à gauche et plus élevée que le poignet d'environ 16 centimètres (6 pouces).

Pour la tête === PAREZ.

Au commandement DEUX, se remettre en garde.

DEUX.

161. Avant de repasser les parades par temps, l'instructeur fait l'observation suivante:

Les parades contre la lance sont les mêmes que contre la pointe.

Dans le mouvement *pour la tête parez*, le cavalier porte le poignet plus ou moins à gauche, à droite ou en arrière, suivant la position de l'adversaire.

EXÉCUTION.

162. Contre infanterie à droite parez, 1 temps, 3 mouvements.

A la dernière partie du commandement, qui est PAREZ, tourner la tête à droite en effaçant l'épaule droite, élever le sabre, le bras tendu vers la droite et en arrière, la pointe en l'air, le poignet en tierce, le pouce allongé sur le dos de la poignée le tranchant à gauche.

Contre infanterie à droite = PAREZ.

Au commandement DEUX, décrire vivement un cercle à droite d'arrière en avant, le bras tendu, écarter la baïonnette avec le dos de la lame, en ramenant le poignet jusqu'à hauteur de la tête, la pointe en l'air.

DEUX.

Au commandement TROIS, se remettre en garde.

TROIS.

163. Contre infanterie à gauche parez, 1 temps, 3 mouvements.

A la dernière partie du commandement, qui est PAREZ, tourner la tête à gauche, élever le sabre, le bras tendu vers la droite et en avant, la pointe en l'air, le poignet en tierce, le pouce allongé sur le dos de la poignée, le dos de la lame en avant.

Contre infanterie à gauche = PAREZ.

Au commandement DEUX, décrire vivement un

cercle à gauche, le long de l'encolure du cheval, d'avant en arrière, le bras tendu ; écarter la baïonnette avec le dos de la lame, en ramenant le poignet toujours en tierce, jusqu'au-dessus de l'épaule gauche.

DEUX.

Au commandement TROIS, se remettre en garde.

TROIS.

164. — Lorsque les cavaliers commencent à exécuter correctement les coups de pointe, les coups de sabre et les parades ci-dessus détaillés, l'instructeur leur en fait faire l'application par les mouvements composés ainsi qu'il suit :

165. — *En tierce* = POINTEZ ET EN AVANT SABREZ.

166. — *En quarte* = POINTEZ ET EN AVANT SABREZ.

167. — *A gauche* = POINTEZ ET SABREZ.

168. — *A droite* = POINTEZ ET SABREZ.

169. — *En arrière* = POINTEZ ET SABREZ.

170. — *Contre infanterie à droite* = POINTEZ ET SABREZ.

171. — *Contre infanterie à gauche* = POINTEZ ET SABREZ.

Portez = (le) SABRE.

172. Exercice de la lance.

L'instructeur réunit de 8 à 12 cavaliers, armés de leurs lances seulement ; ils sont en veste d'écurie, czapska et giberne, et placés sur un rang à 5 mètres (15 pieds) l'un de l'autre : lorsqu'ils ont exécuté plusieurs fois tous les

mouvements ; ils sont exercés, ayant leur sabre qu'ils décrochent, au commandement : EXERCICE DE LA LANCE.
173. — Les principes prescrits dans cette leçon n° (181)
pour l'exercice du sabre, sont applicables à l'exercice de
la lance.
174. — Les cavaliers étant à la position du *port de la
lance*.

Exercice de la lance, 1 temps.

Au commandement EXERCICE DE LA LANCE, porter le pied droit à 2/3 de mètre (2 pieds) du pied
gauche, les talons sur la même ligne ; laisser glisser la lance jusqu'à terre dans la main droite, qui
la saisit à hauteur du col, le coude et l'avant-bras
collés contre la hampe ; la hampe maintenue perpendiculairement, le bout à hauteur et à 3 centimètres (1 pouce) de la pointe du pied droit ; placer la main gauche fermée à 16 centimètres (6 pouces) du corps et à hauteur du coude, les doigts en
face du corps, le petit doigt plus près que le haut
du poignet.

EXERCICE DE LA LANCE.

Cette position est la même que celle du lancier à cheval.

175. Comme à pied, portez vos lances, 1 temps.

A la dernière partie du commandement, qui est
LANCES, rapporter le pied droit auprès du gauche,
et le bout de la lance à côté de la pointe du pied

droit ; abandonner la lance , la laisser tomber dans le pli de l'épaule et la ressaisir avec la main droite, comme il est prescrit pour le *port de la lance à pied* , (n° 40).

Comme à PIED.

Portez === (*vos*) LANCES.

Quand on fait exécuter ces mouvements les cavaliers ayant le sabre , ils le décrochent au commandement *exercice de la lance* , et avant de placer la main gauche à la position *de la main de la bride* , ils le remettent au crochet , la monture en arrière , après avoir repris la position *du port de la lance à pied*.

176. — Les lanciers étant à la position *exercice de la lance*.

Reposez vos lances , 1 temps.

A la dernière partie du commandement , qui est LANCES , amener la lance dans la main gauche avec la main droite , sans que le bout quitté la terre (*à cheval*: sans la dégager de la botte) ; la saisir avec le pouce et le premier doigt de la main gauche, les autres doigts fermés (pour ne pas abandonner les rênes) ; passer le bras droit dans la courroie et l'y engager jusqu'au-dessus du coude ; abandonner de suite la lance de la main gauche , la chasser en arrière par un mouvement du bras droit, et placer la main droite sur le côté.

A cheval.

Après ce mouvement , ajuster les rênes.

Reposez === (*vos*) LANCES.

177.   Portez vos lances, 1 temps.

A la dernière partie du commandement, qui est
LANCES, ramener la lance en avant par un mouvement du bras droit, la saisir avec le pouce et le
premier doigt de la main gauche, les autres fermés
(pour ne pas abandonner les rênes); dégager le bras
de la courroie ; saisir vivement la lance avec la
main droite à pleine main ; l'abandonner de la main
gauche, la replacer perpendiculairement, la main
à hauteur du col, le coude et l'avant-bras collés
contre la hampe.

Portez = (*vos*) LANCES.

178.   Croisez vos lances , 2 temps.

A la première partie du commandement, qui est
CROISEZ, descendre la main droite en la glissant le
long de la hampe jusqu'à hauteur de la hanche; élever la lance perpendiculairement pour la dégager
de la botte.

CROISEZ.

A la dernière partie du commandement, qui est
LANCES, baisser la pointe en la portant en avant,
la hampe collée au coude, et placée horizontalement à 5 centimètres (2 pouces) au-dessous du téton droit, la lance bien soutenue sous le bras, le
pouce allongé sur la hampe, les doigts fermés.

LANCES.

A cheval, les rangs étant serrés, le deuxième rang n'exécute que le premier temps de *croisez vos lances*, et reste dans cette position.

179.   Portez vos lances, 1 temps.

A la dernière partie du commandement, qui est LANCES, redresser la lance, en placer le bout à 3 centimètres (1 pouce) et à hauteur de la pointe du pied droit, la main droite à hauteur du col (à cheval, le bout se place dans la botte de l'étrier.)

Portez === (*vos*) LANCES.

Les lanciers étant à la position de *croisez vos lances*.

180.   En avant pointez, 2 temps.

A la première partie du commandement, qui est EN AVANT, retirer le bras droit en arrière, de toute sa longueur, en effaçant l'épaule, la hampe appuyée au-dessus de la hanche, la pointe à hauteur du téton droit.

EN AVANT.

Commander : au temps.

A la dernière partie du commandement, qui est POINTEZ, porter le haut du corps en avant, chasser la lance avec force, en ramenant le bras en avant, le poignet passant près et un peu au dessous du téton droit, allonger le bras de toute sa longueur ; le poignet en quarte, la pointe dirigée à hauteur de ceinture d'homme ; marquer un temps d'arrêt, et reprendre la position de *croisez vos lances*.

EN AVANT ===== POINTEZ.

181.   A droite pointez, 2 temps.

Mêmes mouvements que pour pointer en avant, excepté que le lancier en effaçant l'épaule droite, retire le bras droit au dessus de la croupe du cheval, en arrière et un peu à gauche, la pointe de la lance dirigée à droite, ayant soin de ne pas baisser la main pour éviter d'accrocher la palette de la selle.

A DROITE ===== POINTEZ.

182.   A gauche pointez, 2 temps.

Mêmes mouvements que pour pointer en avant, excepté que le lancier retire le bras en arrière vers la droite, et qu'il dirige la pointe de la lance à gauche.

A GAUCHE ===== POINTEZ.

183. En arrière à droite lances, 2 temps.

A la première partie du commandement, qui est EN ARRIÈRE A DROITE, élever la pointe de la lance à hauteur et vis à vis de l'œil gauche.

EN ARRIÈRE A DROITE.

A la dernière partie du commandement, qui est

LANCES, baisser la pointe de la lance le long de l'encolure du cheval, en élevant le coude droit, le bras demi-tendu ; faire décrire à la pointe un demi-cercle, en rasant la jambe droite, le poignet renversé ; placer la lance horizontalement sous le bras, la pointe en arrière, serrer la hampe sous l'aisselle, l'abandonner de la main droite qui se trouve renversée, et la ressaisir de suite avec cette même main, le pouce en dessus, les doigts fermés.

LANCES.

184.   En avant lances, 1 temps.

A la première partie du commandement, qui est EN AVANT, élever le bout de la lance à hauteur des yeux.

EN AVANT.

A la dernière partie du commandement, qui est LANCES, détacher le bras du corps, faire décrire à la pointe de la lance un demi-cercle, le bout rasant la jambe droite ; replacer la lance et la main droite à la position de *croisez vos lances*.

LANCES.

185. — Les lanciers étant à la position d'*en arrière à droite lances* :

En arrière pointez, 2 temps.

A la première partie du commandement, qui est

EN ARRIÈRE, tourner la tête en arrière à droite , étendre le bras droit en avant de toute sa longueur , le poignet en tierce et à hauteur du col ; le premier doigt allongé sur la hampe , la hampe touchant le bras et l'aisselle.

EN ARRIÈRE.

Commander : *au temps.*

A la dernière partie du commandement, qui est POINTEZ , retirer le bras et le porter vivement en arrière de toute sa longueur , en effaçant l'épaule droite ; chasser la lance avec force , la pointe dirigée à hauteur de ceinture d'homme ; marquer un temps d'arrêt, et reprendre la position d'en *arrière à droite lances.*

EN ARRIÈRE === POINTEZ.

186. En arrière à droite pointez, 2 temps.

A la première partie du commandement, qui est EN ARRIÈRE A DROITE , tourner la tête à droite , étendre le bras en avant de toute sa longueur , le poignet en tierce, à hauteur du col, et vis à vis de l'épaule gauche ; le premier doigt allongé sur la hampe, la hampe touchant le coude, la pointe dirigée à droite.

EN ARRIÈRE A DROITE.

Commander : *au temps.*

A la dernière partie du commandement, qui est POINTEZ, retirer le bras et le porter vivement en arrière à droite de toute sa longueur, chasser la lance avec force, la pointe dirigée à hauteur de ceinture d'homme ; marquer un temps d'arrêt, et reprendre la position d'*en arrière à-droite lances*.

EN ARRIÈRE A DROITE ═══ POINTEZ.

Ce mouvement, plus que tout autre, exige que le lancier conserve bien son assiette.

187.   A terre pointez, 2 temps.

A la première partie du commandement, qui est A TERRE, incliner la tête à droite, élever le bras de toute sa longueur, baisser la pointe de la lance vers la terre, la hampe appuyée le long de l'avant-bras.

A TERRE.

A la dernière partie du commandement, qui est POINTEZ, donner avec force le coup de pointe à terre, et reprendre la position d'*en arrière à-droite lances*.

POINTEZ.

EN AVANT ═══ LANCES.

188. En arrière à gauche lances, 1 temps.

A la dernière partie du commandement, qui est LANCES, détacher le coude du corps, faire décrire à la pointe de la lance un arc de cercle au-dessus des oreilles du cheval, la hampe venant se placer sur le pli du bras gauche, le poignet vis à vis et à 16 centimètres (6 pouces) du téton droit, le bout de la lance à hauteur et à droite de la tête du cheval, la pointe en arrière; changer la main de position, les ongles en dessus, sans que le pouce quitte la hampe.

En arrière à gauche === LANCES.

189.   En avant lances, 1 temps.

A la dernière partie du commandement, qui est LANCES, changer la main de position, les ongles en dessous, sans que le pouce quitte la hampe; faire décrire à la pointe de la lance un arc de cercle au-dessus des oreilles du cheval, et reprendre la position de *croisez vos lances.*

En avant === LANCES.

190.—Les lanciers étant à la position d'*en arrière à gauche lances :*

En arrière à gauche pointez, 2 temps.

A la première partie du commandement, qui est EN ARRIÈRE A GAUCHE, tourner la tête en arrière à gauche, étendre le bras droit de toute sa longueur vers la droite, le poignet en quarte, à hauteur du col; la hampe légèrement appuyée au-dessus du pli du bras.

EN ARRIÈRE A GAUCHE.

A la dernière partie du commandement, qui est

POINTEZ, chasser avec force la lance en arrière, la pointe dirigée à hauteur de ceinture d'homme ; marquer un temps d'arrêt, et reprendre la position d'*en arrière à gauche lances.*

POINTEZ.

191. A terre pointez, 2 temps.

A la première partie du commandement, qui est A TERRE, incliner la tête à gauche, élever le bras de toute sa longueur, baisser la pointe de la lance vers la terre, la hampe appuyée contre l'avant-bras gauche.

A TERRE.

A la dernière partie du commandement, qui est POINTEZ, donner avec force le coup de pointe à terre, et reprendre la position d'*en arrière à gau-che lances.*

POINTEZ.

En avant LANCES.

192. — Les lanciers étant à la position d'*en arrière à droite lances :*

En arrière à gauche lances, 2 temps.

A la première partie du commandement, qui est EN ARRIÈRE A GAUCHE, baisser le bout de la lance à hauteur du nez du cheval.

EN ARRIÈRE A GAUCHE.

A la dernière partie du commandement, qui est

LANCES, élever le bras de toute sa longueur, faire décrire à la lance un cercle, la pointe passant d'abord près de la jambe droite du lancier, et le long de l'encolure du cheval ; la hampe venant ensuite se placer sur le pli du bras gauche, le poignet vis à vis et à 16 centimètres (6 pouces) du téton droit, le bout de la lance à hauteur et à droite de la tête du cheval, la pointe en arrière.

LANCES.

195. Par moulinet en avant lances, 2 temps.

A la première partie du commandement, qui est PAR MOULINET EN AVANT, élever le bout de la lance vers la gauche, la main droite à 1/3 de mètre (1 pied) et vis à vis de l'épaule gauche, la hampe toujours appuyée sur le bras.

PAR MOULINET EN AVANT.

A la dernière partie du commandement, qui est LANCES, porter la main à droite tenant la lance à pleine main, faire décrire à la pointe un cercle et demi, le bout de la lance rasant deux fois le côté droit de l'encolure et la jambe droite ; replacer la lance et la main à la position de *croisez vos lances.*

LANCES.

194. — Les lanciers étant à la position de *croisez vos lances :*

Par moulinet en arrière à gauche lances,
2 temps.

A la première partie du commandement, qui est PAR MOULINET EN ARRIÈRE A GAUCHE, porter la pointe de la lance un peu à droite et à 16 centimètres (6 pouces) plus haut que la tête, changer la main de position, le pouce en dessous, les autres doigts en dessus.

PAR MOULINET EN ARRIÈRE A GAUCHE.

A la dernière partie du commandement, qui est LANCES, baisser la pointe de la lance à gauche, le long de l'encolure du cheval ; porter la main à gauche et à hauteur du col; faire décrire à la pointe un cercle et demi en rasant deux fois la jambe gauche, et reprendre la position d'*en arrière à gauche lances*.

LANCES.

195. En arrière à droite lances, 2 temps.

A la première partie du commandement, qui est EN ARRIÈRE A DROITE, élever le bout de la lance vers la gauche, la main droite à 1/3 de mètre (1 pied) et vis à vis de l'épaule gauche, la hampe toujours appuyée sur le bras.

EN ARRIÈRE A DROITE.

A la dernière partie du commandement, qui est LANCES, baisser le bout de la lance à droite, le long de l'encolure du cheval, en rasant la jambe droite et portant la main à droite, le bout de la lance décrivant un cercle en rasant la jambe droite, et reprendre la position d'en *arrière à droite lances.*

LANCES.

196. Les lanciers étant à la position de *—croisez vos lances.*

Parez à gauche et à droite pointez, 2 temps.

A la première partie du commandement, qui est PAREZ A GAUCHE élever la pointe de la lance vers la droite et à 16 centimètres (6 pouces) plus haut que la tête ; baisser avec force la lance de droite à gauche en rasant l'encolure du cheval et étendant le bras sur la gauche, de manière à frapper vigoureusement l'arme ou le corps d'un homme à pied et ramener rapidement la lance sous le bras droit.

PAREZ A GAUCHE,

A la dernière partie du commandement, qui est ET A DROITE POINTEZ, retirer le bras droit de toute sa longueur en arrière et un peu à gauche, en effaçant l'épaule droite, la hampe appuyée au dessus de la hanche, la pointe un peu plus basse que le poignet, porter le haut du corps en avant, chasser la lance avec force en ramenant le bras en avant, le poignet passant près et un peu au-dessous du téton droit, allonger le bras de toute sa longueur ; le poignet en quarte, la pointe dirigée à droite à la poitrine d'un homme à pied , et reprendre la position de *croisez vos lances*.

ET A DROITE POINTEZ.

197. Parez à droite et à gauche pointez , 2 temps.

A la première partie du commandement, qui est PAREZ A DROITE, élever la pointe de la lance vers la gauche et à 16 centimètres (6 pouces) plus haut que la tête ; baisser avec force la lance de gauche à droite en rasant l'encolure du cheval et étendant le bras sur la droite , de manière à frapper vigoureusement l'arme ou le corps d'un homme à pied , et ramener rapidement la lance sous le bras droit.

PAREZ A DROITE.

A la dernière partie du commandement , qui est ET A GAUCHE POINTEZ , retirer le bras droit de toute sa longueur en arrière vers la droite, en effaçant l'épaule , la hampe appuyée au-dessous du téton droit ; la pointe un peu plus bas que le poignet ; porter le haut du corps en avant , chasser la lance avec force en ramenant le bras en avant de toute sa longueur, le poignet en quarte , la pointe dirigée à gauche à la poitrine d'un homme à pied, et reprendre la position de *croisez vos lances*.

ET A GAUCHE POINTEZ.

198. Parez à gauche et à droite et en avant pointez, 2 temps.

A la première partie du commandement qui est PAREZ ET A GAUCHE ET A DROITE, élever la pointe de la lance vers la droite, à 16 centimètres (6 pouces) plus haut que la tête ; baisser avec force la lance de droite à gauche, par dessus l'encolure du cheval ; faire décrire à la pointe un cercle sur la gauche, en la ramenant en l'air et en avant, la baisser de suite avec force de gauche à droite, pour écarter des deux côtés l'arme de l'adversaire, et ramener rapidement la lance sous le bras droit.

PAREZ A GAUCHE ET A DROITE.

A la dernière partie du commandement, qui est ET EN AVANT POINTEZ, retirer le bras droit en arrière de toute sa longueur, en effaçant l'épaule, a hampe appuyée au-dessus de la hanche, la pointe un peu plus bas que le poignet ; porter le haut du corps en avant ; chasser la lance avec force en ramenant le bras en avant de toute sa longueur, le poignet en quarte, la pointe dirigée à la poitrine d'un homme à pied, et reprendre la position de *croisez vos lances.*

ET EN AVANT POINTEZ.

199. Parez à droite et à gauche et en avant pointez, 2 temps.

Mêmes principes et mouvements inverses.

PAREZ A DROITE ET A GAUCHE ===
ET EN AVANT POINTEZ.

200. — Les parades et coups de pointe s'emploie-ront contre des cavaliers ; on parera horizontale-ment et l'on pointera à hauteur de ceinture.

EXÉCUTION.

Quand on fait répéter sans explication , on fait seulement l'indication : *parades et coups de pointe contre la cavalerie.*

201.   A l'entour parez , 2 temps.

A la première partie du commandement , qui est A L'ENTOUR , porter la pointe de la lance vers la droite , à hauteur des yeux.

A L'ENTOUR.

A la dernière partie du commandement , qui est PAREZ, chasser avec force la lance de droite à gauche et de gauche à droite, en la maintenant toujours sous le bras, jusqu'à l'un des commande-ments EN AVANT, A GAUCHE, OU A DROITE === POINTEZ.

EXÉCUTION.

Pour terminer le travail, l'instructeur commande :

Portez === (vos) LANCES.

Comme à PIED.

Portez === (vos) LANCES.

DEUXIÈME PARTIE.

Tir à la Cible.

Les officiers et les instructeurs doivent posséder des notions exactes sur la théorie du tir, afin d'apprendre aux cavaliers à faire usage de leurs armes à feu de la manière la plus avantageuse.

On considère dans le tir des armes à feu trois espèces de ligne.

La *ligne de mire* est le rayon visuel qui, passant par les points les plus élevés du tonnerre et du devant du canon, est dirigé vers l'objet qu'on veut atteindre.

La *ligne de tir* est l'axe ou le milieu du canon; cette ligne représente la direction que la balle tend à suivre, à l'instant où elle est chassée du canon.

La courbe (ou *trajectoire*), est celle que la balle suit réellement, parce que la pesanteur l'oblige à s'abaisser continuellement par rapport à la ligne de tir, et à s'éloigner de plus en plus de cette ligne, qui est la direction primitive.

Par la construction des canons en général, la ligne de mire et celle de tir forment entre elles, au-delà de la bouche du canon, un angle plus ou moins ouvert, suivant l'épaisseur à la culasse et celle à l'extrémité opposée. La balle, à sa sortie du canon, coupe d'abord la ligne de mire à peu de distance de la bouche, passe au-dessus de cette ligne, s'en rapproche ensuite, la coupe une seconde fois et achève de décrire sa trajectoire jusqu'à sa chute. Ce second point d'intersection s'appelle *but en blanc*. On entend par *portée de but en blanc* la distance de ce point à la bouche du canon, lorsque la ligne de mire est horizontale.

Ainsi pour frapper l'ennemi au milieu du corps avec

le mousqueton, on visera :	le fusil, on visera :
à 75^m et à toute distance plus petite.... *à la ceinture.*	à 75^m et à toute distance plus petite.. *à la ceinture.*
à 100^m.... *à la poitrine.*	à 100^m.... *à la poitrine.*

à 125^m .... à la tête.
à 150^m .... au sommet de la
   coiffure.
	à { 125^m
	  { 150^m } .... à la tête.
	à 175^m .. au sommet de la
	   coiffure.

Cette indication est commune au cas où l'on tire sur un homme à cheval, comme à celui où l'on tire sur un homme à pied.

Pour habituer les cavaliers à tirer juste, on les exerce *à la cible*; cette instruction pratique est divisée en deux parties. Pour la première la cible est un carré long en planche. Elle a 2 mètres de hauteur sur 0^m 50 de largeur, et représente à peu près en hauteur et en largeur, un fantassin équipé, avec schako, pompon ou plumet.

La ceinture du fantassin est marquée sur la cible par un cercle noir, de 0^m 10 de rayon : le centre de ce cercle est à 0^m 85, du pied sur la ligne droite qui partage la cible en deux parties égales, dans le sens de sa longueur, le cercle noir correspondant à la ceinture est le but que l'on se propose d'atteindre lorsqu'on tire à la cible.

La cible est traversée par deux bandes noires, de 0^m 10 de largeur. La bande inférieure est à 0^m 37 du centre du cercle noir, à compter de son milieu, et est à peu près à hauteur de la poitrine du fantassin. La bande supérieure est à 0^m 70 du centre du cercle noir, à compter de son milieu, et est à peu près à hauteur de la tête du fantassin.

Par conséquent avec

le mousqueton, on visera :	le fusil, on visera :

à 75^m et à toute distance plus
  petite.... *au cercle noir.*
	à 75^m et à toute distance plus
	   petite, *au cercle noir.*

à 100^m .... *à la bande infé-
  rieure.*
	à 100^m .... *à la bande in-
	  férieure.*

à 125^m .... *à la bande supé-
  rieure.*
	à { 125^m } *à la bande su-
	  { 150^m } périeure.*

à 150^m .... *au sommet de
  la cible.*
	à 175^m .... *au sommet de
	  la cible.*

Les cavaliers étant réunis, l'instructeur les fait porter successivement au point d'où l'on doit tirer. Il se place toujours à côté du cavalier qu'il exerce, pour lui expliquer comment il doit ajuster pour frapper le but. Le même cavalier tire trois fois de suite à chaque distance, afin de pouvoir mieux faire l'application des principes.

Quand les cavaliers ont été suffisamment instruits, on les exerce à tirer ayant le mousqueton au crochet, (ou le fusil à la grenadière) et les jambes écartées, comme s'ils étaient à cheval.

Lorsque les cavaliers connaissent bien, aux différentes distances, les quantités dont les balles s'écartent de la ligne de mire, ils sont exercés à tirer sur une cible de même dimension que la première, mais n'ayant qu'une bande noire au milieu.

Dans cette deuxième partie de l'instruction, les cavaliers évaluent eux-mêmes la hauteur à laquelle ils doivent viser pour atteindre la bande du milieu; on les exerce, s'il est possible, dans des terrains plus ou moins élevés.

L'instructeur recommande aux tireurs d'appuyer solidement la crosse contre l'épaule droite dans la position d'*en joue*, de bien soutenir l'arme de la main gauche, de s'accoutumer à aligner promptement sur la bande les deux points sur lesquels doit passer la ligne de mire; enfin de bien appuyer le premier doigt sur la détente pour faire feu, sans remuer la tête, ni déranger la direction de l'arme. On fait quelquefois le commandement de *redressez vos armes*, afin que les cavaliers acquièrent l'habitude d'ajuster promptement.

Chaque année, tous les sous-officiers, brigadiers et cavaliers passent à cette école.

On note les meilleurs tireurs.

La plus grande partie des munitions fournies pour les exercices est employée au tir à la cible.

On a soin de faire ramasser les balles que l'on peut retrouver, afin de les refondre.

Pour le tir du pistolet, l'instructeur suit la même progression que pour celui du mousqueton ou fusil. Les cavaliers sont placés à 10 mètres (5 toises) de la cible, et progressivement jusqu'à 30 mètres (15 toises.) Ils sont exercés à tirer en avant, à droite, à gauche et enfin en arrière.

L'instructeur veille à ce que les cavaliers ne mettent dans le pistolet que la quantité de poudre nécessaire.

Les coups de cette arme, pour avoir quelque effet, devant être tirés à une très petite distance, le cavalier doit toujours viser directement au point qu'il veut frapper.

Dans la position d'*en joue*, les cavaliers doivent conserver le bras demi-tendu (excepté dans le feu en arrière), et ne pas serrer les doigts, de cette manière, on diminue le tremblement de la main; il faut aussi appuyer sur la détente progressivement et sans secousse, afin de ne pas déranger la direction de l'arme.

Extrait du *Journal militaire* du 24 septembre 1826 ; de *l'Instruction provisoire sur le tir*, publiée par ordre du ministre de la guerre, le 15 juillet 1845, et du *Titre deux* approuvé le 4 novembre 1849.

ECOLE DU PELOTON A PIED.

Les cavaliers qui composent le peloton sont en petite tenue, schakos ou casque, et en armes ; le sabre au crochet du ceinturon, la baguette accrochée par-dessus le sabre.

Quand le peloton est en bataille, le sous-instructeur est placé à un pas (2|3 de mètre) en avant du centre ; il marche en tête de la colonne, quand le peloton est par files ou rompu par quatre.

Les cavaliers règlent leur pas sur celui du sous-instructeur ; le serre-file y veille attentivement.

Chaque mouvement est exécuté d'abord au *pas ordinaire* et ensuite au *pas accéléré*.

Tous les mouvements sont exécutés sur deux rangs, excepté la marche en colonne par un et les conversions, qui le sont d'abord par rang. Tous les mouvements de rupture et de formation sont en outre exécutés de pied ferme en les décomposant, pour en faire mieux comprendre e mécanisme.

L'instructeur fait chaque jour changer les cavaliers de de rang, et met au deuxième ceux qui la veille étaient au premier, afin de leur donner une égale habitude des deux rangs.

Chaque mouvement, après avoir été correctement exécuté par la droite, doit être répété par la gauche.

L'instructeur fait toujours compter par quatre dès que le peloton est formé. Pendant le travail, on ne fait plus recompter ; mais, si quelque cavalier change de place, on lui indique son nouveau numéro, et si un cavalier du premier rang vient à manquer, il est remplacé par un du deuxième, dont la place reste vide.

ARTICLE PREMIER.

Se compter par quatre.

Principes généraux d'alignement.

Alignement successif des files dans le pe-
   loton et alignement du peloton.
Ouvrir et serrer les rangs.
Faire reculer le peloton.
Marche directe en colonne par un.
Changement de direction.
Marche oblique individuelle.
Le peloton marchant par le flanc, le for-
   mer en avant sur la droite en bataille.
Former le peloton à gauche sur un rang.
Former le peloton à droite sur deux rangs.
Maniement des armes.

2. — Le peloton étant formé sur deux rangs serrés, les
cavaliers au port d'armes :

Se compter par quatre.

A la dernière partie du commandement, *dans
chaque rang comptez-vous quatre*, qui est QUATRE,
les cavaliers se comptent dans chaque rang, de la
droite à la gauche, en prononçant à haute et intel-
ligible voix, sur le même ton, sans se presser et
sans tourner la tête, *un*, *deux*, *trois*, *quatre*,
suivant la place que chacun occupe.

Dans chaque rang ══ *comptez-vous* (*par*)

QUATRE.

8

3.   Principes généraux d'alignement.

Les cavaliers pour s'aligner doivent accorder leurs épaules sur celles de leurs voisins du côté de l'alignement, et fixer les yeux sur la ligne des yeux, de manière à apercevoir la poitrine du deuxième cavalier de leur rang du même côté; à cet effet, ils doivent tourner la tête sans cesser de rester carrément dans le rang, et sentir légèrement de côté le coude de leur voisin du côté de l'alignement.

Les cavaliers du deuxième rang, indépendamment de l'alignement, doivent être exactement derrière leurs chefs de file, ayant soin de conserver 33 centimètres (1 pied) de distance, mesurée des épaules des hommes du premier rang à la poitrine de ceux du deuxième rang.

4. Alignement successif des files dans le peloton, et alignement du peloton.

L'instructeur fait exécuter les divers alignements en se conformant à ce qui est prescrit à l'école du peloton à cheval, (n° 4.) et suivants, avec cette différence qu'il ne fait porter les files de droite (ou de gauche) qu'à 3 pas (2 mètres) en avant, et, pour l'alignement en arrière, à 3 pas (2 mètre).

Avant de commander l'alignement on fait toujours porter les armes.

5.   Ouvrir et serrer les rangs.

Comme il est prescrit à l'école de peloton à cheval (n° 53 et 54), excepté que le deuxième rang fait 12 pas.

(4 mètres) en arrière, et que le sous-instructeur se porte en avant à 6 pas (4 mètres).

Le sous-instructeur fait face à la troupe et se remet face en tête par demi-tour à droite.

Avant de faire ouvrir ou serrer les rangs, on fait toujours porter les armes.

Le mouvement de *serrer les rangs*, se fait toujours au pas accéléré.

6.   Faire reculer le peloton.

Comme il est prescrit à l'école de peloton à cheval (n° 55).

7. — Chaque rang est exercé d'abord séparément à la marche en colonne par un : à cet effet, les rangs étant ouverts, l'instructeur fait commander le 2e rang par le sous-instructeur et commande lui-même le 1er ou, s'il juge à propos, il commande les deux rangs, ainsi séparés :

> *Cavaliers à* DROITE (*ou à* GAUCHE).
>
> (*à*) DROITE (*ou à*) GAUCHE.

8. Marche directe en colonne par un.

Au commandement *colonne en avant* MARCHE, tous les cavaliers partent ensemble du pied gauche. Chaque cavalier se maintient autant que possible à la même distance de celui qui le précède, et exactement derrière lui, de manière que sa tête lui cache celle des cavaliers qui sont en avant.

Les cavaliers doivent avoir la tête directe, et ne pas regarder les pieds de celui qui précède, afin de conserver les distances ; ils doivent maintenir les épaules carrément dans la direction, ne pas tour-

ner les pieds trop en dehors, et marcher sans se
balancer.

Colonne en AVANT.

MARCHE.

Au commandement *colonne*, le cavalier qui est
en tête marque le pas, et chacun serre à sa distance;

Au commandement HALTE, toute la colonne arrête et personne ne bouge plus.

COLONNE.

HALTE.

L'instructeur veille à ce qu'en reprenant leurs distances,
les cavaliers ne se serrent pas trop.

9. — Au commandement FRONT, chaque cavalier
fait front par un *à gauche* (ou par un *à droite*).

Quand on a fait *cavaliers à droite* au comman-
mandement FRONT, on exécute un *à-gauche*; quand
on a fait *cavaliers à-gauche*, on fait front par un
à droite.

FRONT.

A DROITE (ou à GAUCHE). === ALIGNE-
MENT.

FIXE.

Quand on fait front par un *à-gauche*, l'alignement est
à droite; quand on fait front par un *à-droite*, l'alignement
est à gauche.

Si le sous-instructeur et le serre-file doivent marcher en
tête des colonnes, ils vont s'y mettre au commandement
préparatoire et reprennent leur place de bataille au commandement *fixe*.

10.   Changement de direction.

A la dernière partie du commandement, *tournez à-droite*, qui est DROITE, le premier cavalier tourne du côté indiqué sans ralentir le pas; chaque cavalier tourne successivement sur le même terrain où le premier a tourné.

A la dernière partie du commandement *en avant*, qui est en AVANT, le premier cavalier se porte droit devant lui, dans la nouvelle direction; il est suivi par les autres.

Tournez === (à) DROITE (*ou à* GAUCHE),
en === AVANT,

11.   Marche oblique individuelle.

Cavaliers oblique à DROIte (*ou à*) GAUche.
(*à*) DROITE. (*ou à*) GAUCHE.

Aux commandements *cavaliers en avant* MARCHE, les cavaliers marchent à un pas bien égal, chacun dans la direction qu'il a prise.

Cavaliers en AVANT === MARCHE.

A la dernière partie du commandement *en avant*, qui est AVANT, chaque cavalier exécute un quart d'*à gauche* (*ou d'à droite*) et se porte droit devant lui.

EN === AVANT.

12. — Les obliques ayant été exécutés de pied ferme.

La colonne étant en marche, aux commandements

oblique à droite (ou à gauche) MARCHE, chaque cavalier exécute un quart d'à *droite (ou d'à-gauche)*, et il se porte droit devant lui.

Oblique à DROITE *(ou à* GAUCHE.*)*

MARCHE.

En ===== AVANT.

13. — Tous ces mouvements s'exécutant correctement par rang, l'instructeur réunit le peloton et les fait exécuter de nouveau par les deux rangs à la fois.

14. — Le peloton étant réuni :

Cavaliers à DROITE *(ou à* GAUCHE*)*

(A) DROITE *(ou à)* GAUCHE.

Dans la marche de flanc, les cavaliers du premier rang sont guides. Ils se maintiennent à leur distance et dans la direction de ceux qui précèdent ; les cavaliers du deuxième rang marchent à hauteur de leurs chefs de file, en sentant légèrement le coude et cédant à la pression.

EXÉCUTION.

15. — La colonne étant en marche, au commandement *tête de colonne à droite (ou à gauche)*, le sous-instructeur commande *tournez à droite ou (à gauche), en avant* ; dans les changements de direction, le cavalier, placé du côté vers lequel la conversion s'exécute, tourne comme il est prescrit en colonne par un ; mais en décrivant un arc de cercle de cinq pas, et celui placé du côté opposé, tourne en allongeant le pas, sentant le coude de son voisin, et cédant à sa pression.

Tête de colonne à DROITE *(ou à* GAUCHE.)

16. — Dans la marche oblique, les cavaliers placés du côté vers lequel on oblique sont guidés, et se conforment aux principes prescrits en colonne par un, ayant l'œil sur le guide de la colonne, pour se maintenir à sa hauteur, en suivant une direction parallèle; les cavaliers du côté opposé réglent leur mouvement sur celui du guide de leur rang, en donnant un coup d'œil de son côté pour se maintenir à sa hauteur; ils ont l'épaule du côté de l'oblique placée en arrière de la sienne.

EXÉCUTION.

Les cavaliers, dans ce mouvement, n'ayant plus le contact des coudes, ne peuvent se maintenir alignés qu'en prenant des directions bien parallèles, et en conservant l'égalité du pas.

17. — Le peloton étant la droite en tête et arrêté.

Le peloton marchant par le flanc, le former en avant en bataille.

Aux commandements *vers la gauche en avant en bataille*, MARCHE, le premier cavalier du premier rang continue de marcher droit devant lui. Le premier cavalier du deuxième rang, qui marche à hauteur de son chef de file, ralentit le pas et se place derrière lui en obliquant à gauche; tous les autres cavaliers obliquant de suite à gauche viennent se placer successivement à la gauche des premiers;

chaque cavalier s'arrête à hauteur du rang dont il fait partie, porte les armes et s'aligne à droite.

(SUR LE TON D'OBSERVATION.) *La formation s'exécutera de pied ferme en la décomposant; à cet effet, la 1re file seule fera son mouvement aux commandements prescrits; la 2e file ne se mettra en mouvement que lorsque la 1re aura fait halte, et ainsi de suite, chaque file ne commençant son mouvement que lorsque celle qui la précède l'a terminé.*

Vers la gauche === en avant en BATAILLE.

MARCHE.

La première file ayant marché 20 pas.

HALTE.

à DROI*te* === **ALIGNEMENT.**

La dernière file étant alignée.

FIXE.

Le mouvement étant compris, l'instructeur le fait répéter sans le décomposer, d'abord au pas ordinaire et ensuite au pas accéléré.

18. — La colonne marchant la gauche en tête, le mouvement s'exécute suivant les mêmes principes et par les moyens inverses.

Vers la droite === en avant en BATAILLE.

MARCHE.

La première file ayant marché 20 pas.

HALTE.

à GAUCHE === **ALIGNEMENT.**

La dernière file étant alignée.

FIXE.

19. — Le peloton étant la droite en tête et arrêté :

Le peloton marchant par le flanc, le former sur la droite en bataille.

Au commandement *sur la droite en bataille*, MARCHE, les deux premiers cavaliers tournent à droite et se portent en avant dans cette nouvelle direction ; aussitôt après avoir tourné, le premier cavalier du deuxième rang qui marche à hauteur de son chef de file, ralentit le pas et se place derrière lui, en obliquant à gauche. Tous les autres cavaliers continuent de marcher droit devant eux, ne tournent que successivement et à un pas plus loin que les cavaliers qui précèdent, ceux du deuxième rang ralentissent le pas après la conversion pour se placer derrière leur chef de file : chaque file se place à la gauche de celles déjà formées. Chaque cavalier s'arrête à hauteur du rang dont il fait partie, porte les armes et [s'aligne à droite.

Sur la droite en bataille.

MARCHE.

HALTE.

à DROITE — ALIGNEMENT.

FIXE.

L'instructeur fait d'abord exécuter ce mouvement de pied ferme, et en se conformant à ce qui est prescrit pour *l'en avant en bataille.*

20. — La colonne, marchant la gauche en tête, le mouvement s'exécute suivant les mêmes principes et par les moyens inverses.

Sur la gauche en BATAILLE.

MARCHE.

HALTE.

A GAUCHE — ALIGNEMENT.

FIXE.

21. — Dans ces mouvements, l'instructeur exige que les cavaliers marchent bien unis, jusqu'après leurs conversions, et qu'alors seulement le cavalier du deuxième rang ralentisse le pas et se place derrière son chef de file.

L'instructeur se tient du côté de la formation, et en arrière de la nouvelle ligne; jusqu'à ce que la dernière file soit formée, il veille à ce que les cavaliers exécutent le mouvement correctement et ne se trompent pas de rang.

22. — Le peloton étant formé sur deux rangs.

Former le peloton à gauche sur un rang.

Aux commandements *à gauche sur un rang,* MARCHE, les cavaliers du 1er rang ne bougent pas ; ceux du 2e rang font *cavaliers à gauche* et se portent droit devant eux.

Au commandement HALTE, les cavaliers s'arrêtent.

Au commandement FRONT, ils font un *à droite*.

Au commandement *à droite* === ALIGNEMENT,
les cavaliers du deuxième rang se porte à hauteur
du premier rang et s'alignent sur lui.

> *A gauche sur un* RANG.
>
> MARCHE.
>
> HALTE.
>
> FRONT.
>
> *A* DROI*te* === ALIGNEMENT.
>
> FIXE.

L'instructeur ne fait le commandement HALTE que lorsque le cavalier de droite du deuxième rang arrive à hauteur du cavalier de gauche du premier rang.

Le sous-instructeur et le serre-file se maintiennent toujours au milieu du front de la troupe.

25. Former le peloton à droite sur deux rangs.

Aux commandements *à droite sur deux rangs*,
MARCHE, les cavaliers du premier rang se portent
en avant à un pas (2|3 de mètre); ceux du deuxième
font *cavaliers à droite*, et se portent ensemble
droit devant eux ; chacun s'arrêtant derrière son
chef de file, fait front sans commandement.

> *à droit sur deux* RANGS.
>
> MARCHE.
>
> A DROI*te* === ALIGNEMENT.
>
> FIXE.

24. Maniement des armes.

Le peloton étant en bataille est exercé au maniement des armes, d'abord à rangs ouverts, puis à rangs serrés. L'instructeur s'attache à donner de l'ensemble aux cavaliers, et, s'il le juge nécessaire, il fait exécuter le maniement des armes par temps et mouvements, en faisant les commandements 2, 3, 4, etc., mais sans explication.

Au commandement *pour le maniement des armes*, soit à rangs ouverts ou à rangs serrés, le sous-instructeur se porte à 6 pas en avant et faisant face au 1er rang; quant au serre-file, si les rangs sont serrés, il recule de 12 pas; et s'ils sont ouverts il se porte sur le flanc afin de mieux surveiller le 2e rang.

25. — Quand les cavaliers sont à rangs serrés, à la 1re partie du commmandement *pour mettre le sabre à la main* ou *pour remettre le sabre*, le 2e rang fait 6 pas en arrière (2 mètres) et après avoir porté le sabre à l'épaule ou l'avoir remis dans le fourreau, il serre à sa distance sans commandement.

Pendant ce mouvement, le sous-instructeur se porte en avant, à 3 pas (2 mètres) et le serre-file fait 6 pas (2 mètres) en arrière.

Le mouvement terminé, l'un et l'autre reprennent leurs places.

EXÉCUTION.

ARTICLE II.

Le peloton étant en bataille, rompre par quatre files à droite.

Marche directe en colonne par quatre.

Changement de direction.

Marche oblique individuelle.

Le peloton marchant en colonne par quatre, le former en avant ou sur la droite en bataille.

Maniement des armes.

Des feux..

Exercice du sabre et de la lance.

26. Le peloton étant en bataille, rompre par quatre files à droite.

Au commandement *par quatre files à droite*, le sous-instructeur se place à 1 pas (2|3 de mètre) en avant des quatre files de droite..

Au commandement MARCHE, les numéros 1 du premier rang, qui sont *pivots*, tournent sur eux-mêmes en marquant le pas ; les numéros 4, qui sont *ailes marchantes*, déboîtent franchement, et conversent à droite en tournant la tête du côté du pivot, afin de ne se rapprocher ni s'écarter de lui ; les numéros 2 et 3 exécutent leur mouvement en tournant la tête du côté de l'aile marchante, réglant sur elle leur degré de vitesse, et sentant le coude du côté du pivot, pour ne pas s'en séparer.

Les cavaliers du deuxième rang suivent les cavaliers du premier, en appuyant vers l'aile marchante dès qu'elle a déboîté.

Au commandement HALTE, les cavaliers s'arrêtent ; ceux du deuxième rang se replacent à leurs chefs de file et à leurs distances.

Par quatre files à DROITE.

MARCHE.

HALTE.

L'instructeur commande HALTE au moment où les conversions sont près de finir.

Dans cet ordre de colonne, tous les premiers rangs de quatre conservent entre eux une distance égale à leur front : 3 pas 1/4 (2 mètres 16 centimètres).

27. Pour remettre le peloton en bataille, le mouvement s'exécute comme il a été prescrit pour le mettre en colonne et par les moyens inverses, le sous-instructeur reprenant sa place au commandement *halte.*

Par quatre files à GAUCHE.

MARCHE.

HALTE.

A DROITE — ALIGNEMENT.

FIXE.

28. — Le peloton étant en colonne la droite en tête.

Marche directe en colonne par quatre.

Dans la marche en colonne par quatre, la droite en tête, ce sont les n° 4 qui sont guides.

Le guide du premier rang de quatre, qui est guide de la colonne, doit marcher droit devant lui en conservant sa direction, et régler sa vitesse de manière que le premier rang de quatre, qui s'aligne sur lui, soit toujours à un pas (2|3 de mètre) du sous-instructeur, qui marche en tête de la colonne.

Le guide de chaque rang doit conserver la tête directe, et se maintenir toujours à sa distance et dans la direction du guide du premier rang des quatre files qui le précèdent. Les trois autres cavaliers de chaque rang, de quatre s'alignent sur le guide de leur rang, en sentant légèrement le coude et donnant un coup d'œil de son côté; ils cèdent à la pression qui vient de son côté et résistent à celle du côté opposé.

Aux commandements *colonne en* AVANT, MARCHE, tous les cavaliers partent ensemble. Au commandement *guide à* GAUCHE, ils se règlent sur le guide.

Après avoir donné un point de direction.

Colonne en AVANT.

MARCHE.

Guide à GAUCHE.

Dans la marche en colonne par quatre, l'instructeur veille à ce que les guides des premiers rangs soient à leur distance, afin de pouvoir se reformer en bataille par un mouvement général.

L'instructeur fait marcher pendant quelque temps sans changer de direction, pour donner aux cavaliers les moyens de mettre en pratique les principes de la marche directe.

29. — Au commandement, *colonne* HALTE, tous les cavaliers arrêtent et ne bougent plus, quand même les distances seraient perdues.

Colonne.

HALTE.

Les cavaliers sont exercés à passer du *pas ordinaire au pas accéléré* et du *pas accéléré* au *pas ordinaire*.

30. — Le peloton étant en colonne le gauche en tête :

Marche directe en colonne par quatre.

Dans la marche en colonne par quatre, la gauche en tête, ce sont les nos 1 qui sont guides ; on se conforme, du reste, à ce qui est prescrit ayant la gauche en tête.

EXÉCUTION.

31. — Le peloton étant la droite en tête et arrêté :

Changement de direction.

La colonne étant en marche, au commandement, *tête de colonne à* GAUCHE, le sous-instructeur commande *tournez à gauche*, *en avant*.

A la dernière partie du 1er commandement, qui est GAUCHE, le premier rang de quatre tourne à gauche ; le pivot décrit, sans ralentir, un arc de cercle de 5 pas (3 mètres 1⁄3) ; le cavalier placé à l'aile marchante tourne en allongeant le pas. Les nombres 2 et 3 exécutent la conversion en sentant le coude du côté du pivot, et tournant la tête vers l'aile marchante, afin de régler sur elle leur degré de vitesse.

A la dernière partie du commandement, *en avant*

qui est *avant*, le premier rang de quatre reprend la marche directe, et chaque cavalier le degré de vitesse auquel il marchait avant la conversion.

Chaque rang de quatre tourne successivement sur le même terrain où a tourné le premier.

Tête de colonne à GAUCHE.

Le sous-instructeur commande de suite :

*Tou*rnez === (*à*) GAUCHE.

Et lorsque la conversion du 1er rang de quatre est presque terminée :

En === *a*VANT.

L'instructeur exige, dans ces changements de direction, que tous les rangs de quatre marchent droit sans se jeter du côté opposé à la conversion, et sans que le cavalier du pivot, ni celui de l'aile marchante, ralentissent ou allongent le pas avant d'arriver au point de la conversion.

32. — Pour changer de direction à droite, le mouvement s'exécute suivant les mêmes principes et par les moyens inverses.

Tête de colonne à DROITE.

33.   Marche oblique individuelle.

La colonne étant en marche, aux commandements, *oblique à gauche*, MARCHE chaque cavalier exécute un *quart d'à-gauche* ; le cavalier de gauche du premier rang de quatre, qui est le guide de la colonne, se porte droit devant lui dans la nouvelle direction et parallèlement au sous-instructeur.

Le cavalier de gauche de chacun des autres rangs, qui est le guide de son rang, se porte aussi en avant, ayant l'œil sur le guide de la colonne pour se maintenir à sa hauteur, en suivant une direction parallèle. Les autres cavaliers de chaque rang n'ayant plus le contact des coudes, donnent un coup d'œil sur la ligne des épaules de leurs voisins du côté du guide, et règlent leur pas de manière que leur épaule soit toujours en arrière de celle de leur voisin de ce côté, et que sa tête leur cache celle des autres cavaliers du rang. Tous les cavaliers doivent en outre conserver l'égalité du pas et le même degré d'obliquité.

Oblique à GAUCHE.

MARCHE.

Pour faire reprendre la direction primitive:

A la dernière partie du commandement, *en avant*, qui est *avant*, chaque cavalier exécute un *quart d'à-droite* en avançant, et tous se portent droit devant eux en se conformant aux principes de la marche directe.

En === AVANT.

34. L'oblique à droite s'exécute suivant les mêmes principes qu'à gauche et par les moyens inverses.

Oblique à DROITE.

MARCHE.

En === AVANT.

35. Le peloton marchant en colonne par quatre, le former en avant en bataille.

L'instructeur fait exécuter ce mouvement, la droite et la gauche en tête, comme il est prescrit à l'école du peloton à cheval, commandant HALTE, lorsque les premières files ont marché 20 pas (13 mètres 1/3,) et s'il juge à propos de décomposer la formation il se conforme à ce qui est prescrit à l'école du peloton à pied (n° 17).

36. Le peloton marchant en colonne par quatre, le former sur la droite en bataille.

Même observation que pour la formation ci-dessus (n° 35).

Maniement des armes.

Le peloton étant en bataille est exercé au maniement des armes à rangs ouverts et à rangs serrés.

37.   Des feux.

Au commandement, *feux de peloton*, le sous-instructeur se porte vivement derrière le centre du peloton, à 6 pas (4 mètres) en arrière du serre-file; (*ch. hus.*) si les cavaliers ont la baguette au crochet, ils la décrochent.

Feux de PELOTON.

Au commandement *commencez le feu*, le sous-instructeur commande :

PELOTON.

Apprêtez === (*vos*) ARMES.

(*En*) JOUE.

Redressez === (*vos*) ARMES.

PORTEZ === (*vos*) ARMES.

Ces mouvements s'exécutent comme à l'École du cavalier à pied.

Les armes étant portées, le sous-instructeur fait aussitôt recommencer les mêmes mouvements en ajoutant les commandements :

FEU.

CHARGEZ.

(Ou) PORTEZ === (*vos*) ARMES.

Ce qui s'exécute comme à l'École du cavalier à pied, et le feu continue jusqu'au commandement CESSEZ LE FEU (ou jusqu'à la sonnerie).

A ce commandement, (ou à la sonnerie), les cavaliers achèvent de charger leurs armes, (et) les portent, (*ch. hus.* et accrochent la baguette).

Le sous-instructeur reprend sa place de bataille.

COMMENCEZ LE FEU.

38. — Pour faire exécuter les feux par le 2e rang.

Au commandement, *feux en arrière*, le serre-file passe vivement par une des ailes du peloton, et se place à un pas (2/3 de mètre) en arrière du premier rang, qui doit devenir le 2e, et vis à vis de sa place de bataille. Le sous-instructeur se porte également en arrière pour commander le feu.

Feux en arrière.

Le serre-file et le sous-instructeur étant placés :

CAVALIER DEMI-TOUR === (à) DROITE,

Aux commandements *feux de peloton, commen-cez le feu,* le mouvement s'exécute comme il est prescrit le peloton étant face en tête, le 2e rang prenant la position indiquée pour le 1er, et le 1er rang celle prescrite pour le 2e ; le feu cesse également au commandement *cessez le feu* (ou à la sonnerie.)

COMMENCEZ LE FEU.

39. — Les armes étant portées et le feu ayant cessé, pour remettre le peloton face en tête.

Aux commandements *cavaliers demi-tour à-droite,* le sous-instructeur et le serre-file repren-nent leurs places.

EXÉCUTION.

L'instructeur veille à ce que les cavaliers du deuxième rang se placent exactement à leurs créneaux pour l'exécution des feux, et reprennent ensemble leurs chefs de file en portant les armes. Il recommande au sous-instructeur de ne mettre entre les commandements JOUE et FEU que l'intervalle nécessaire pour laisser aux cavaliers le temps de bien ajuster. Il se place de manière à voir les deux rangs, et à remarquer les fautes.

L'instructeur recommande aux cavaliers le plus grand calme pendant les feux, sans que cela fasse rien perdre de la vivacité dans l'exécution. Il donne pour principe aux hommes du premier rang, de conserver le talon gauche en place, afin que l'alignement ne soit pas dérangé ; il vérifie, après les feux, si ce principe a été observé.

Lorsque les cavaliers exécutent les feux correctement et avec ensemble, on les fait tirer à poudre.

40. — Pour l'exercice du sabre ou de la lance, l'instructeur fait ouvrir les rangs (ch. hus.) et fait accrocher le sabre par dessus la baguette.

Exercice du sabre (ou de la lance.)

A la dernière partie du commandement, *par la gauche ouvrez les files*, qui est OUVREZ LES FILES, tous les cavaliers, excepté la file de droite, *font cavaliers à-gauche.*

Par la gauche (ou par la droite) ====
OUVREZ LES FILES.

Au commandement MARCHE, tous les cavaliers partent ensemble et se portent droit devant eux. Le deuxième cavalier de droite, après avoir marché, pour l'exercice du *sabre*, 5 pas (3 mètres 1/3), et, pour celui de *la lance*, 7 pas 1/2 (5 mètres), s'arrête, fait front de lui-même par un à-droite, et s'aligne sur le cavalier de droite qui n'a pas bougé. Les autres continuent de marcher, et chacun, donnant un coup-d'œil en arrière à droite, s'arrête successivement et fait front lorsqu'il est arrivé à sa distance. Les cavaliers de deuxième rang se règlent sur leurs chefs de file et se maintiennent exactement derrière eux.

MARCHE.

A DROITE==== (ou à GAUCHE) ==== ALIGNEMENT.

FIXE.

Le troisième cavalier de droite ayant fait front, l'instructeur aligne le premier rang; le sous-instructeur aligne le deuxième, et l'instructeur commande : FIXE.

41. — A la dernière partie du commandement *à droite* serrez les files, qui est SERREZ LES FILES, tous les cavaliers font *cavaliers à-droite* (ou *à gauche*, excepté la file sur laquelle on serre.

à-droite (ou *à-gauche*) === SERREZ LES FILES.

Au commandement MARCHE , ils partent ensemble et chacun successivement fait FRONT par un à-gauche (*ou* un à-droite) quand il joint le cavalier qui le précédait.

MARCHE.

A DROITE === (ou *à-GAUche*) === ALIGNEMENT.

42. — Le mouvement étant compris on passe à l'exercice du sabre ou de la lance; et, lorsque l'instructeur veut former le peloton, il ne commande l'alignement qu'après avoir fait serrer les rangs.

Pour ouvrir les files par la droite et les serrer à gauche, le mouvement s'exécute suivant les mêmes principes et par les moyens inverses.

ARTICLE III.

Marche du peloton en bataille.

Contre-marche.

Des conversions.

Marche oblique individuelle.

Le peloton étant en bataille, rompre par quatre files à droite, et porter la colonne en avant après la conversion.

Former le peloton.

Le peloton marchant en bataille, le rompre par quatre files à droite, et le remettre en bataille sans arrêter.

Le peloton marchant en colonne par quatre, le mettre en colonne par le flanc, sans arrêter.

Le peloton marchant en colonne par le flanc, le remettre de front sans arrêter.

Le peloton marchant en bataille, le mettre en colonne par le flanc, sans arrêter.

Le peloton étant en bataille, faire face en arrière.

Maniement des armes.

43.   Marche directe du peloton en bataille.

Pour la marche directe, pour faire ouvrir et serrer les files ; pour apprendre aux cavaliers à reprendre l'aisance quand ils sont serrés, à se rapprocher quand ils sont ouverts ; à regagner l'alignement quand ils se trouvent en avant ou en arrière, on se conforme à ce qui est prescrit à l'Ecole du peloton à cheval (81, 82 et suivants.) L'instructeur modifiant le détail et prescrivant aux cavaliers de régler leur pas sur celui du sous-instructeur qui marche devant le front du peloton, s'ils le perdent, il commande : AU PAS.

Les cavaliers sont exercés en marchant en bataille à

marquer le pas, changer le pas, passer du pas ordinaire au pas accéléré, et du pas accéléré au pas ordinaire.

44.   Contre-marche.

Le peloton étant en bataille.

Au commandement *contre-marche par l'aile droite*, le serre-file se porte à 3 pas (2 mètres) en arrière de la file de gauche et en dehors de sa direction, lui tournant le dos.

Contre-marche par l'aile DROITE.

Aux commandements *cavaliers à-droite*, DROITE, les cavaliers font un *à-droite*, le sous-instructeur se porte à hauteur de la première file et lui fait faire un *demi-à-droite*.

Cavaliers à-DROITE === DROITE.

Aux commandements, *par file à droite*, MARCHE, les cavaliers partent ensemble, la première file tourne de suite à droite, et dirigée par le sous-instructeur, passe en arrière du deuxième rang. Tous les autres cavaliers tournent successivement sur le même terrain où les premiers ont tourné.

Au commandement FIXE, le sous-instructeur et le serre-file reprennent leur place de bataille.

Par file à DROITE.

Marche.

Quand la tête de colonne arrive à hauteur du guide placé sur la nouvelle ligne, l'instructeur fait marquer le pas et commande ensuite :

HALTE.

8.

FRONT.

À DROITE = ALIGNEMENT.

FIXE.

45. — La contre-marche s'exécute par la gauche, suivant les mêmes principes et par les moyens inverses.

Contre-marche par l'aile GAUCHE.
Cavaliers à GAUCHE = (à) GAUCHE.
Par file à GAUCHE.

MARCHE.

HALTE.

FRONT.

A GAUCHE = ALIGNEMENT.

FIXE.

46. Des conversions.

Dans les conversions à pivot fixe, le cavalier placé au pivot tourne sur lui-même *en marquant le pas.*

Dans les conversions à pivot mouvant, il décrit son arc de cercle en faisant le pas de 46 centimètres (6 pouces).

Le cavalier placé à l'aile marchante tourne en allongeant le pas autant que possible.

Les autres cavaliers font le pas d'une longueur proportionnée à la place qu'ils occupent dans le rang, c'est à dire, d'autant plus court qu'ils sont plus rapprochés du pivot. Au commandement en

— AVANT, tous les cavaliers se portent en avant en reprenant le pas auquel ils marchaient précédemment.

47. — Le peloton est exercé aux conversions d'abord par rang, ensuite les deux rangs réunis, suivant les principes prescrits à l'école du peloton à cheval (98 et suivants), en modifiant le détail.

Dans toutes les conversions, les cavaliers ont l'attention de ne pas trop tourner la tête, de conserver les épaules carrément dans le rang, de tenir à leur voisin du côté du pivot sans écarter le coude, et de réparer sans précipitation les fautes qu'ils peuvent commettre.

48.   Marche oblique individuelle.

Le peloton étant en marche, aux commandements *oblique à droite* (ou *à gauche*), MARCHE, chaque cavalier fait un *quart d'à-droite* (ou *d'à-gauche*), et se porte droit devant lui dans sa nouvelle direction. Les cavaliers n'ayant plus le contact des coudes, doivent régler leur marche de manière que la tête de leur voisin, du côté du guide, leur cache celles des autres cavaliers du rang; l'égalité du pas et celle du degré d'obliquité suffisent pour se maintenir aligné. Les cavaliers du deuxième rang se maintiennent à leur distance et dans la direction du cavalier placé à côté de leur chef de file habituel.

Oblique à DROITE.

MARCHE.

Pour faire reprendre la direction primitive.

A la dernière partie du commandement *en avant,*

qui est AVANT, chaque cavalier exécute un *quart
d'à-gauche* (ou *d'à droite*) en avançant et tous se
portent droit devant eux, en se conformant aux
principes de la marche directe.

EN ═══ AVANT.

49. — L'oblique à gauche s'exécute suivant les
mêmes principes qu'à droite, et par les moyens
inverses.

EXÉCUTION.

50. Le peloton étant en bataille, rompre par
    quatre files à droite et porter la colonne
    en avant après la conversion.

Aux commandements *par quatre files à droite,*
MARCHE, le mouvement s'exécute comme il est
prescrit de pied ferme (26).

A la dernière partie du commandement, *en avant,*
qui est AVANT, les cavaliers se portent en avant,
se conformant aux principes de la marche directe
par quatre.

Par quatre files à DROITE.
MARCHE.-
EN ═══ AVANT.
Guide à GAUCHE

51.   Former le peloton.

La colonne étant en marche, aux commandements, *vers la gauche, formez le* PELOTON, MARCHE,

le mouvement s'exécute comme il est prescrit pour *l'en avant* en bataille (35) excepté que les 4 premières files continuent de marcher droit devant elles en raccourcissant le pas, jusqu'à ce que les dernières files arrivent à leur hauteur : alors tous les cavaliers reprennent le pas auquel ils marchaient précédemment, et se portent en avant, se conformant aux principes de la marche directe.

> *Vers la gauche* === *formez le* peloton.
> MARCHE.

Le peloton étant formé.

> *Guide à* DROIte.

52. — On rompt le peloton par quatre files à gauche aux commandement, *par quatre files à* GAUChe, MARCHE, EN AVANT, *guide à* DROIte, et on le reforme de même la gauche en tête, aux commandements : *vers la droite — formez le* peloTON, MARCHE, *guide à* GAUChe.

53. Le peloton marchant en bataille, le rompre par quatre files, à droite, et le remettre en bataille sans arrêter.

Ces mouvements s'exécutent comme il est prescrit de pied ferme (26).

> *Par quatre files à* DROIte.
> MARCHE.
> EN === AVANT.
> *Guide à* GAUche.

Et pour le remettre en bataille.

> *Par quatre files à* GAUChe.

MARCHE.

EN AVANT.

Guide à DROITE.

Si au lieu de se porter en avant après la conversion
l'on veut arrêter :

HALTE.

A DROITE — ALIGNEMENT.

FIXE.

54. — Ces mouvements s'exécutent par la gauche suivant les mêmes principes et par les moyens inverses.

55. Le peloton marchant en colonne par
quatre, le mettre en colonne par le flanc
sans arrêter.

Aux commandements, *cavaliers à* DROITE — *Si
dans chaque rang* — *par file à* GAUCHE, MARCHE,
chaque cavalier fait un *à droite* et la 1re file de chaque
rang de quatre tourne de suite à gauche et se met
en file derrière les cavaliers du rang de quatre qui
précédait. Les cavaliers se trouvent ainsi en colonne par deux.

Dans ce mouvement, les quatre premières files
doivent allonger les premiers pas afin de ne pas
retarder les autres rangs de quatre qui doivent entrer en colonne derrière elles.

Cavaliers à DROITE — *et dans chaque*
rang. —

Par file à GAUCHE.

MARCHE.

EN — AVANT.

Guide à GAUCHE.

56. — La colonne, ayant la gauche en tête, le mouvement s'exécute suivant les mêmes principes et par les moyens inverses, aux commandements : *cavaliers à* GAUCHE === *et dans chaque rang* === *par file à* DROITE, MARCHE, EN === AVANT, *guide à* DROITE.

57. Le peloton marchant en colonne par le flanc, le remettre de front sans arrêter.

La colonne ayant la droite en tête.

Aux commandements *cavaliers à* GAUCHE, MARCHE, chaque cavalier exécute un *à gauche*, et au commandement, EN === AVANT, se porte droit devant lui.

Cavaliers à GAUCHE.

MARCHE.

EN === AVANT.

Guide à DROITE.

Si au lieu de se porter en avant après le mouvement on veut arrêter :

HALTE.

A DROITE === ALIGNEMENT.

FIXE.

58. — La colonne ayant la gauche en tête, le mouvement s'exécute suivant les mêmes principes et par les moyens inverses.

59. Le peloton marchant en bataille, le mettre en colonne par le flanc sans arrêter.

Le peloton étant en marche, aux commandements, *cavaliers à* DROITE, MARCHE, chaque cavalier exécute un *à droite* et se porte ensuite droit devant lui.

Cavaliers à DROITE.

MARCHE.

EN == AVANT.

Guide à GAUCHE.

60. — Pour mettre le peloton en colonne par le flanc à gauche en tête, le mouvement s'exécute suivant les mêmes principes et par les moyens inverses.

61. Le peloton étant en bataille, faire face en arrière.

CAVALIERS DEMI-TOUR == (*à*) DROITE.

Le demi-tour exécuté, si l'instructeur veut porter le peloton en avant, après l'avoir aligné à droite.

Peloton en AVANT.

Guide à DROITE.

MARCHE.

Ce qui s'exécute comme il est prescrit pour la marche du peloton en bataille.

Pour remettre le peloton face en tête.

CAVALIERS DEMI-TOUR == (*à*) DROITE.

Le demi-tour exécuté, l'instructeur commande l'alignement à droite.

62.   Maniement des armes.

Le peloton est exercé au maniement des armes à rangs ouverts, à rangs serrés et à l'exécution des feux par le premier, et par le deuxième rang, comme dans l'article précédent.

ARTICLE IV.

Ralliement et tirailleurs.

Le peloton étant en bataille est exercé suivant les principes prescrits à l'*Ecole du peloton à cheval*, (158, 159 et suivants.)

Les mouvements se font à un pas modéré, chaque cavalier portant l'arme sur l'épaule droite.

Les premières fois, on ne porte pas le peloton en avant après l'avoir rallié, mais on vérifie si chacun a bien repris sa place et son rang ; quand les cavaliers commencent à acquérir l'habitude de ces mouvements, on porte le peloton en avant dès qu'il est en partie rallié ; les autres cavaliers se rallient en marchant.

On s'attache à faire bien connaître aux cavaliers les sonneries des tirailleurs et les mouvements qu'ils ont à exécuter. On les exerce surtout à se rallier avec ordre sur le point où se trouve l'instructeur.

ECOLE DE L'ESCADRON A PIED

1. — L'escadron est toujours exercé au *pas accéléré*, qui, à cette école doit être le pas habituel, sans qu'il soit commandé; mais si l'on veut le faire marcher au *pas ordinaire*, l'indication de ce pas doit précéder le commandement MARCHE.

Les principes pour les ruptures et les formations étant les mêmes qu'à cheval, on se conforme, pour exercer l'escadron à pied, à ce qui est prescrit à l'*Ecole d'escadron à cheval*, avec les modifications suivantes:

2. — L'escadron étant formé sur deux rangs serrés, les cavaliers étant *au port d'armes*, les officiers, sous-officiers placés comme il est prescrit Titre 1er, art. 11, le capitaine-commandant fait compter par quatre.

On se conforme, pour les alignements, à ce qui est prescrit à l'*Ecole de l'escadron à cheval*, et pour faire ouvrir et serrer les rangs, à ce qui est prescrit à l'*école du peloton à pied* (no 5.)

3. — L'escadron est exercé au maniement des armes, d'abord à rangs ouverts, ensuite à rangs serrés; on lui fait aussi exécuter des feux de peloton, de division et d'escadron, par le premier et le deuxième rang.

Les feux de peloton s'exécutent alternativement par le premier et par le deuxième peloton de chaque division; le premier peloton tire d'abord: le chef du deuxième peloton ne fait son commandement que lorsqu'il voit une ou deux armes portées dans le premier; le chef du premier peloton observe à son tour la même règle à l'égard du deuxième, et le feu continue ainsi alternativement.

On observe la même gradation dans les feux de division; elle a lieu également entre les escadrons pairs et impairs, lorsque plusieurs escadrons réunis exécutent les feux d'escadron.

4. — Pour faire exécuter les feux de peloton.

Au commandement *feu de peloton*, les chefs de peloton se portent vivement derrière le centre de leurs pelotons à 6 pas (4 mètres) en arrière de la ligne des serre-files, les officiers de la 1re division passent par l'aile droite, et ceux de la 2e par l'aile gauche.

(*Ch. Huss.*) Si les cavaliers ont la baguette au crochet ils la décrochent.

Feu de peloton.

Au commandement, COMMENCÊZ LE FEU, les pelotons impairs commencent le feu, leurs chefs faisant les commandements prescrits à l'école du peloton (n° 37) en observant d'ajouter à celui *peloton* la dénomination de 1er ou 3e, suivant le n° de chacun.

Les chefs de pelotons pairs font à leur tour les mêmes commandements en ajoutant de même la dénomination *deuxième ou quatrième*.

Les chefs de pelotons impairs observent, pour le premier feu seulement, de ne commander le FEU que l'un après l'autre. Ainsi le chef du troisième peloton ne commande (*en*) JOUE et FEU qu'après avoir entendu le feu du 1er peloton.

COMMENCEZ LE FEU.

5. --- Pour faire cesser le feu et exécuter les feux en arrière, on se conforme à ce qui est prescrit à l'école du peloton et à ce qui est dit ici pour les feux de peloton, de division et d'escadron.

6. — Pour faire exécuter les feux de division :

Au commandement *feu de division*, les chefs de peloton se conforment à ce qui est prescrit au commandement *feu de peloton*.

Feu de division.

Au commandement COMMENCEZ LE FEU, la division impaire commence le feu : chaque lieutenant commandant fait précéder le commandement *division*, de la dénomination 1re ou 2e, et se conforme du reste à ce qui est prescrit pour les feux de peloton (4).

COMMENCEZ LE FEU.

6. — Pour faire exécuter le feu d'escadron :

Au commandement, feu d'escadron, les chefs de peloton se conforment à ce qui est prescrit au commandement *feu de peloton*.

Feu d'escadron.

ESCADRON.

Apprêtez === (*vos*) ARMES.

(*En*) JOUE.

FEU.

CHARGEZ.

7. — Lorsqu'il y a plusieurs escadrons, chaque capitaine ajoute au 2e commandement le n° de son escadron, et se conforme pour la gradation des feux, entre les escadrons pairs et impairs, à ce qui est prescrit ci-dessus.

8. — Le capitaine-commandant veille à ce que la position du corps, celle des pieds et celle de l'arme, soient

toujours régulières; que les temps s'exécutent vivement, et qu'on n'escamote point l'arme.

9. Rompre l'escadron par quatre files à droite.

Au commandement *par quatre files à droite*, le chef du peloton de droite et le guide particulier de droite se placent devant les quatre files de droite.

Au commandement, MARCHE, le mouvement s'exécute comme il est prescrit à l'école du peloton (26)

Par quatre files à DROITE.

Le chef de peloton et le guide particulier étant placés.

MARCHE.

HALTE.

10. --- Si au lieu d'arrêter après la conversion, on veut se porter en avant, le capitaine se conforme à ce qui est prescrit à l'école du peloton (50.)

Les officiers et les sous-officiers, hors le chef de peloton de tête et le guide particulier de droite se placent sur les flancs de la colonne.

11. --- Pour rompre l'escadron *par quatre files à gauche*, le mouvement s'exécute suivant les mêmes principes et par les moyens inverses, aux commandements : *par quatre files, à* GAUCHE, MARCHE, HALTE. Ou EN AVANT, *guide à* DROITE.

12. --- L'escadron étant en colonne par quatre est exercé à partir et s'arrêter avec ensemble, à passer du *pas accéléré* au *pas ordinaire*, et du *pas ordinaire* au *pas accéléré*.

13. --- L'escadron étant en colonne par quatre, la droite en tête, de pied ferme ou en marche, le capitaine-commandant le met en bataille sur son flanc gauche comme il est prescrit à l'école du peloton.

9

Par quatre files à GAUCHE.

MARCHE.

HALTE.

à DROITE ⸗ ALIGNEMENT.

FIXE.

14. ⸺ La colonne ayant la gauche en tête, on le met de même en bataille sur son flanc droit, aux commandements : *par quatre files à* DROITE, MARCHE, HALTE, *à* GAUCHE ⸗ ALIGNEMENT FIXE.

15. ⸺ Dans les alignements, les guides particuliers touchent de la poitrine les coudes des sous-officiers placés sur la ligne.

Avant de porter l'escadron en avant, on fait mettre l'*arme au bras* ou *sur l'épaule droite*, à moins d'ordre contraire.

Au commandement HALTE, les cavaliers *portent l'arme* d'eux-mêmes.

Après le commandement FIXE, on fait mettre l'*arme au bras*.

16. ⸺ L'escadron étant en colonne par quatre la droite en tête,

Former les pelotons.

La colonne étant en marche, au commandement *vers la gauche* ⸗ *formez les* PELOTONS, les chefs de pelotons commandent *vers la gauche* ⸗ *formez le* PELOTON.

Au commandement MARCHE, répété par les mêmes officiers, tous les pelotons se forment comme il est prescrit à l'école du peloton (94.)

Vers la gauche ⸗ *formez les* PELOTONS.

MARCHE.

Et aussitôt que les pelotons sont formés :

Guide à GAUCHE.

17. --- Lorsqu'on forme les pelotons, l'escadron marchant en colonne par quatre, la gauche en tête, le guide est commandé à droite.

L'escadron marchant en colonne avec distance, chaque peloton règle son pas sur celui de son chef, et chaque chef de peloton sur le chef de peloton qui précède.

18. Rompre par quatre files à droite étant en colonne avec distance.

La colonne étant de pied ferme ou en marche, aux commandements *par quatre files à* DROITE == *et dans chaque peloton* == TÊTE *de colonne à gauche*, MARCHE, EN AVANT. Le mouvement s'exécute comme il est prescrit à l'école du peloton (46), chaque chef de peloton commandant à l'instant où les conversions sont presque terminées: EN == AVANT, et de suite : *tour*NEZ == (à) GAUCHE EN == AVANT.

Par quatre files à DROITE == *et dans chaque peloton* == TÊTE *de colonne à gauche*.

MARCHE.

EN == AVANT.

Guide à GAUCHE.

Le capitaine ne commande le guide que lorsque la tête de chaque peloton est dans la nouvelle direction.

19. --- L'escadron étant en colonne avec distance la gauche en tête, le mouvement s'exécute suivant les mêmes principes et par les moyens inverses.

20. --- L'escadron étant en colonne par quatre, la droit

en tête, de pied ferme ou en marche, le capitaine commandant le met en colonne par le flanc, comme il est prescrit
à l'école du peloton (55.)

Cavaliers à DROITE === *et dans chaque rang*
=== PAR *file à gauche.*

MARCHE.

EN === AVANT.

Guide à GAUCHE.

21. — L'escadron étant en colonne par quatre, la gauche
en tête, le mouvement s'exécute suivant les mêmes principes et par les moyens inverses aux commandements : *cavaliers à* GAUCHE === *et dans chaque rang* === PAR *file à
droite,* MARCHE === EN AVANT, *guide à* DROITE.

22. — Les mouvements *à droite ou à gauche par quatre*
de l'*École de l'escadron à cheval* sont remplacés par les
mouvements *par quatre files à droite ou à gauche,* et les
demi-tours par quatre sont remplacés par le *demi-tour
par cavalier.*

23.   Contre marche.

Au commandement *contre marche par l'aile
droite* le guide principal de droite se place à la droite
de l'escadron, faisant face à droite, à un pas (2|3
de mètre) du cavalier de droite du 2ᵉ rang, pour
marquer le point de la conversion ; le guide particulier de droite va se placer promptement
derrière le guide particulier de gauche, faisant face
en arrière, et à 3 pas (2 mètres) du 2ᵉ rang.

Contre marche par l'aile DROITE.

Au commandement *cavaliers à* DROITE, DROITE,
les chefs de peloton et les cavaliers font un *à-droite,*

le chef de peloton de droite se portant à hauteur de sa 1re file, et lui faisant exécuter un *demi-à-droite*, les serre-files font un *à-gauche* et se placent en file à la gauche de l'escadron. Ceux de la 2e division, à hauteur du 1er rang, le capitaine en second à leur gauche, ceux de la 1re division à hauteur du 2e rang.

Cavaliers à DROIte ⸗ DROITE.

Aux commandements, *par file à* DROIte, MARCHE, le mouvement s'exécute comme il est prescrit à l'école du peloton.

Les serre-files suivent le mouvement et reprennent leurs places à mesure qu'ils y arrivent.

Aux commandements, FRONT et *à* DROIte ⸗ ALIGNEMENT, le capitaine en second fait un *à-droite*, et se porte à hauteur du 2e rang pour l'aligner.

Au commandement FIXE, les chefs de peloton se remettent face en tête par un *à-gauche*.

*Par file à-*DROIte.

MARCHE.

Quand la tête de colonne arrive à hauteur du guide placé sur la nouvelle ligne, le capitaine-commandant fait marquer le pas et commande ensuite :

HALTE.

FRONT.

à DROIte ⸗ ALIGNEMENT.

FIXE.

24. — La contre marche s'exécute par l'aile gauche suivant les mêmes principes et par les moyens inverses.

25. — La *marche oblique par troupe* s'exécute suivant les mêmes principes qu'à cheval, excepté que chaque chef de peloton, marchant à un pas en avant du centre de son peloton, se maintient à 2 pas en arrière du deuxième rang du peloton qui précède, et dans la direction où il se trouve.

26. L'escadron marchant en bataille, pour faire exécuter un passage de défilé sur la tête de chaque peloton.

L'escadron marchant en bataille, aux commandements, *par quatre files à* DROITE === *et dans chaque pelot n* === TÊTE *de colonne à gauche!* MARCHE, les chefs de pelotons répètent le commandement, MARCHE, et le mouvement s'exécute comme il est prescrit pour rompre *par quatre files à droite,* l'escadron étant en colonne avec distance. (18) Les chefs de pelotons marchant à hauteur de leur tête de colonne pour la diriger, conservent leurs intervalles par la droite.

Par quatre files à DROITE === *et dans chaque peloton* === TÊTE *de colonne à gauche!*

MARCHE.

EN === AVANT.

Guide à DROITE.

27. — On peut en marchant ainsi mettre les pelotons en colonne par le flanc, les chefs de pelotons répétant le commandement MARCHE, et se conformant ensuite à ce qui est prescrit pour le même mouvement, l'escadron étant en colonne avec distance.

28. — Pour reformer l'escadron, chaque peloton étant rompu par *quatre* ou par *deux,* la droite en tête

29.—L'escadron étant en marche, au commandement, *vers la gauche* === *formez les pelotons*, les
chefs de pelotons commandent, *vers la gauche* ===
formez le peloton.

Au commandement, MARCHE, répété par ces
mêmes officiers, chaque peloton se forme comme
il est prescrit en marchant par quatre (51).

> *Vers la gauche* === *formez les pelotons*.
> MARCHE.
> *Guide à* DROITE.

Ces mouvements s'exécutent par la gauche de chaque
peloton, suivant les mêmes principes et par les moyens
inverses.

30. — L'escadron est exercé au ralliement et au service
des tirailleurs, suivant les principes prescrits à *l'école du
peloton à pied* (nº 63) et ceux de *l'école d'escadron à
cheval*.

TABLE DES MATIÈRES.

Pages.

TITRE II

Instruction à Pied.